Martin Steffens

K. F. SCHINKEL
1781 – 1841

Ein Baumeister im Dienste der Schönheit

TASCHEN

KÖLN LONDON LOS ANGELES MADRID PARIS TOKYO

Abbildung S. 2 ► Karl Friedrich Schinkel, Gemälde
von Johann Eduard Wolff, um 1820
Abbildung S.4 ► Detail des Alten Museums

© 2003 TASCHEN GmbH
Hohenzollernring 53, D–50672 Köln
www.taschen.com

Herausgeber ► Peter Gössel, Bremen
Projektmanager ► Swantje Schmidt, Bremen
Gestaltung ► Gössel und Partner, Bremen
Lektorat ► Ralph Henry Fischer, Bodenheim

Printed in Germany
ISBN 3-8228-2443-7

Inhaltsverzeichnis

Einführung

Karl Friedrich Schinkel (1781–1841) ist wohl der bekannteste deutsche Architekt. Künstlerisch prägte er jene Epoche der ersten Hälfte des 19. Jahrhunderts, die nach ihm auch „Schinkelzeit" genannt wird. Er war aber nicht nur als Architekt tätig, sondern wirkte auch als Maler, Bühnenbildner, Designer, Kunstschriftsteller und Baubeamter. In seiner Person vereinigten sich die verschiedensten kreativen Talente, und durch ausgeprägte Selbstdisziplin, Organisationstalent und Durchsetzungswillen gelang es ihm, diese auch zur Geltung zu bringen. Als universell tätiger Künstler galt er im Königreich Preußen – und weit darüber hinaus – als maßgebliche Instanz in Fragen von Kunst und Geschmack.

Schinkels künstlerischer Werdegang und seine „vagabundierende" Betätigung in verschiedenen Kunstgattungen lassen sich auch mit den teilweise dramatischen politischen Zeitumständen erklären. Während der französischen Besatzung Preußens (1806–13) arbeitete Schinkel vorwiegend als Maler, da Bauaufträge fehlten. Sein Aufstieg zum „Staatsarchitekten" (diesen Titel führte er freilich nie offiziell) erfolgte parallel zum Wiedererstarken Preußens nach den Befreiungskriegen. Nahezu seine gesamte künstlerische Tätigkeit fällt dabei in die Regierungszeit König Friedrich Wilhelms III. (1797–1840), der auf Schinkels Entwürfe für Staatsbauten immer wieder persönlich Einfluss nahm. Auch für die königliche Familie selbst war Schinkel regelmäßig tätig. So zeichnete er für den Umbau und die Möblierung der Berliner Prinzenpalais und der königlichen Landsitze verantwortlich. Schließlich wurde der begehrte Architekt sogar an ausländische Regenten „ausgeliehen", so, um Paläste auf der Krim oder der Akropolis zu entwerfen. Als Mitglied der Oberbaudeputation, der er seit 1830 vorstand, war er zuletzt für alle bedeutenden kirchlichen und staatlichen Bauaufgaben

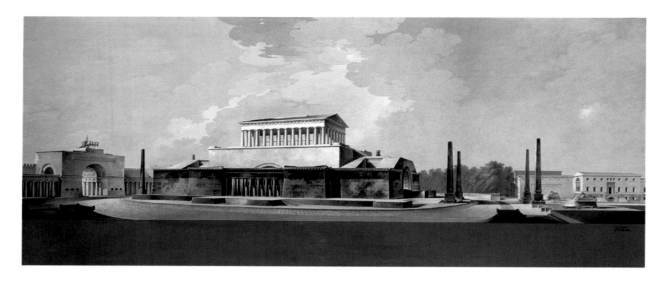

Denkmalsentwurf für Friedrich II., Zeichnung von Friedrich Gilly, 1797
Der Entwurf Friedrich Gillys – später Schinkels Lehrer und Freund – löste beim Gymnasiasten Schinkel den Wunsch aus, Architekt zu werden. Später sollte er wiederholt Motive aus Gillys Werk aufgreifen.

in Preußen verantwortlich. Mit seinem Namen verbindet sich auch die Einführung der Denkmalpflege als staatliche Aufgabe in Preußen.

Karl Friedrich Schinkel wurde am 13. März 1781 in Neu-Ruppin geboren. Sein Vater war Superintendent der märkischen Garnisonsstadt und starb bereits 1787 an den Folgen einer Lungenentzündung. Schinkels Mutter übersiedelte 1794 mit ihren Kindern – vor allem mit Blick auf deren Erziehung – in die Hauptstadt Berlin über. Schinkel besuchte dort das berühmte Gymnasium zum Grauen Kloster, doch war der musisch begabte Knabe ein nur mäßiger Schüler. Wichtige Impulse empfing Schinkel beim Besuch der Akademieausstellung von 1796. Hier bekam er unter anderem einen Entwurf des Architekten Friedrich Gilly für ein Denkmal Friedrichs des Großen zu Gesicht. Unter diesem Eindruck soll er beschlossen haben, Architekt zu werden. In späteren Werken, speziell bei seiner Planung für seinen Denkmalsdom, griff Schinkel auch tatsächlich auf Gillys Entwurf zurück.

Schinkel verließ das Gymnasium vorzeitig, um im Hause der Architekten David und Friedrich Gilly – gewissermaßen als Lehrling – aufgenommen zu werden. Der erfahrene Baumeister und Architekturtheoretiker David Gilly legte das Fundament für Schinkels profunde Ausbildung, während Friedrich, der nur neun Jahre älter war als Schinkel, sein Mentor und Freund wurde. Schinkel kopierte Zeichnungen, die Friedrich Gilly von Studienreisen mit nach Berlin gebracht hatte, und wurde so mit modernster Architektur vertraut. Auch nahm er Anteil an den Bauausführungen der Gillys. Als Schinkel 1799 Schüler der neu gegründeten „Allgemeinen Bauschule" (einer Bauakademie) wurde, hatte er bereits umfassende architektonische Erfahrungen vorzuweisen. In seiner Ausbildungszeit setzte er sich – zumindest theoretisch – mit all jenen Bauaufgaben auseinander, die ihn in seiner späteren Architektenkarriere beschäftigen sollten. So entwarf er schon als Schüler Bühnenbilder und öffentliche Bauten, etwa Museen und Theater.

Im Jahr 1800 verstarben Schinkels Mutter und der Freund Friedrich Gilly. Mit einem Mal war der junge Mann auf sich selbst gestellt. Er verließ die Bauakademie, um die begonnenen Projekte des Freundes zu Ende zu führen. Schon vier Jahre nach seinem Entschluss, Architekt zu werden, hatte er seine Ausbildung abgeschlossen. Als erstes eigenständiges Werk entstand 1801 der Pomonatempel, ein Teepavillon auf dem Pfingstberg bei Potsdam.

1803 wurde Schinkel volljährig und konnte nun über eine recht bescheidene Erbschaft verfügen. Er investierte sie in eine fast zweijährige Studienreise, die ihn über Böhmen, Österreich, Italien, Sizilien und Frankreich 1805 wieder nach Berlin führte. Dort mangelte es damals jedoch an einträglichen Bauaufgaben; in Preußen herrschte Kriegsangst. Gleichwohl nutzte Schinkel jede Gelegenheit, sich als Künstler zu profilieren. So beteiligte er sich noch 1805 am Wettbewerb um ein Lutherdenkmal. Nachdem aber Preußen 1806 dem napoleonischen Heer unterlegen war, ruhte im ganzen Land der Baubetrieb. Bis 1815 hatte der ehrgeizige junge Architekt keine Aussicht auf Betätigung. Um seinen Lebensunterhalt zu sichern, machte sich Schinkel seine Talente als Maler zu Nutze. In Italien entstandene Skizzen dienten dabei als Vorlagen für sorgfältig ausgeführte, bisweilen äußerst großformatige Rundum-Panoramen und „perspektivisch-optische Schaubilder"; andere nahmen auf aktuelle Ereignisse, etwa den Brand von Moskau 1812, Bezug. Mit diesen in Schaubuden oder angemieteten Räumen öffentlich ausgestellten Arbeiten machte sich Schinkel einen

Schinkel in Neapel, Gemälde von Franz Louis Catel, 1824
Dieses Porträt entstand auf Schinkels zweiter Italienreise. Es zeigt den Architekten in seinem Quartier mit Blick auf den Golf von Neapel.

Namen als versierter Künstler, obwohl er nicht eigentlich als Maler ausgebildet war. Auch mit seinen romantischen Landschafts- und Architekturgemälden hatte er Erfolg. Von den Eintrittsgeldern und dem Verkauf der Gemälde konnte Schinkel leben und bald sogar eine Familie ernähren: 1809 heiratete er Susanne Berger. Aus der Ehe gingen drei Kinder hervor. Über Schinkels Privatleben ist aus seinen eigenen Äußerungen allerdings wenig zu erfahren, der Privatmensch tritt meist hinter dem Beamten und Künstler zurück.

Ebenfalls 1809 kam Schinkel bei einer seiner Dioramenvorstellungen mit dem preußischen Königspaar in Kontakt. Bald darauf wurde er zur Ausschmückung einiger Zimmer in der königlichen Residenz, dem Kronprinzenpalais, hinzugezogen und schon 1810 berief man ihn auf Empfehlung Wilhelm von Humboldts als Baubeamten in den Staatsdienst. Humboldt, den damaligen Leiter des preußischen Kultus- und Unterrichtswesens, hatte Schinkel 1803 in Rom kennen gelernt. Schinkel blieb bis zu seinem Tod königlicher Baubeamter, was ihm sein Auskommen sicherte; doch reichten die Mittel nicht zu einem extravaganten Lebensstil. Allerdings neigte Schinkel ohnehin nicht dazu, als Bohemien oder Lebemann aus dem gesellschaftlichen Rahmen zu fallen. Er war ganz im Gegenteil ein unermüdlicher Arbeiter sowie ein gewissenhafter Diener des Staates und der königlichen Familie. Doch auch für den Baubeamten gab es aufgrund der ungünstigen politischen Lage vorerst kaum Möglichkeiten für eine architektonische Betätigung.

Panorama von Palermo, um 1808
Die Radierung zeigt – in perspektivischer Verzerrung – das gemalte Panorama, das Schinkel vor der Berliner Hedwigskathedrale aufgestellt hatte. Möglicherweise handelt es sich um den Entwurf für einen Werbezettel.

Neuer Pavillon (Schinkel-Pavillon) im Schlosspark Charlottenburg, Berlin, 1824/25

König Friedrich Wilhelm III. ließ sich im Park von Schloss Charlottenburg eine Villa nach neapolitanischem Vorbild errichten. Der König zog es vor, nicht in den barocken Schlössern seiner Vorfahren zu residieren.

Nach dem Tod der Königin Luise fertigte Schinkel 1810 einen Entwurf für ihr Mausoleum an. Seine Planung entstand zwar ohne Aussicht auf Umsetzung, doch konnte er mit den auf der Akademieausstellung gezeigten Zeichnungen sein außerordentliches Talent beweisen. In den Jahren der französischen Fremdherrschaft stand Schinkel ganz unter dem Einfluss der deutschen Romantik. Er interessierte sich leidenschaftlich für die gotische Baukunst, die damals als „deutscher Stil" galt. Gemälde und Bauentwürfe mittelalterlicher Gebäude entstanden. Mit einer im Detail veränderten oder „verbesserten" Gotik wollte Schinkel einen neuen deutschen Kunststil schaffen, in dem sich nationale Identität und patriotische Gesinnung vereinigen sollten.

Die ersten Bauwerke, die Schinkel nach der Niederlage Napoleons im Jahr 1813 dann ausführen konnte, weisen stets auch einen Denkmalcharakter auf. Die Neue Wache und die Schlossbrücke beispielsweise sollten – neben ihrer Funktion – auch an den errungenen Sieg Preußens erinnern. Nachdem Schinkel mit diesen Gebäuden das Vertrauen des Königs gewonnen hatte, wurde er später mit Entwürfen, Bauausführungen und bürokratischen Aufgaben geradezu überhäuft.

Stilistisch orientierte sich Schinkel seit 1815 unter dem Einfluss Wilhelm von Humboldts zunehmend an der griechischen Kultur und Architektur. Entsprechend baute er das Landhaus der Familie Humboldt in Tegel 1820–24 mit vielfältigen Reminiszenzen an die griechische Antike um. Auch wenn Schinkel später immer wieder neugotische Bauten entwarf – wie die Friedrichswerdersche Kirche oder Schloss Kamenz –, galt sein Hauptinteresse von nun an doch der antiken Architektur. Er entwickelte sich vom Romantiker zum klassizistischen Architekten, der mit seinen Bauwerken bald das neue Berlin, das damals so genannte Spree-Athen, prägte.

Programmatisch drückte er seine Antikenbegeisterung 1825 in dem bemerkenswerten Gemälde „Blick in Griechenlands Blüte" aus.

Auch wenn Schinkel nun vorzugsweise antike Vorbilder für seine Bauten heranzog, blieben ihm sein romantischer Geist und seine überschäumende Fantasie, die keine finanziellen Einschränkungen akzeptierte, erhalten. So gipfelte sein Wunsch nach großartigen Bauaufgaben 1834 in den unausführbaren Entwurf für einen Königspalast auf der Akropolis. Schinkels Kunstauffassung zielte also nicht von vornherein auf eine rationale und sparsame Architektur, obwohl er oft so interpretiert wird. Vielmehr war es der König, der bei den Staatsbauten stets Wert auf eine solide und möglichst kostengünstige Gestaltung legte. Schinkel bewies hierin denn auch ein besonderes Geschick, insbesondere wenn es darum ging, bestehende Bauten mit relativ geringem finanziellen Aufwand umzugestalten. Seine Umbauten machen denn auch nie den Eindruck eines Provisoriums. Das Schauspielhaus und Schloss Charlottenhof beispielsweise lassen nicht erahnen, dass Schinkel bei seiner Planung erhebliche Rücksicht auf die Altbausubstanz zu nehmen hatte.

Mit dem 1830 eingeweihten Neuen Museum in Berlin (das erst seit Mitte des 19. Jahrhunderts Altes Museum genannt wird) schuf Schinkel eines seiner Hauptwerke. Der repräsentative Außenbau und Eingang diente ihm als Einstimmung für die im Ausstellungsbereich eher nüchtern präsentierte Kunst. Der Museumsbau war für Schinkel von besonderer Bedeutung, da er durchaus den Anspruch hatte, geschmacks- und volksbildend zu wirken. Wie bei seinen Bühnenbildern und Panoramen sollte mit dem Vergnügen am erhabenen künstlerischen Eindruck auch Belehrung einhergehen.

Nur wenige Bauten konnte Schinkel ganz ohne Einflussnahme von außen ausführen. Ungenügende Finanzierung, Wünsche der Bauherren und die Rücksichtnahme auf zu erhaltende Bausubstanz bestimmten seinen beruflichen Alltag. Eine bedeutende Ausnahme stellte der Neubau für die Bauakademie dar. Hier vermochte Schinkel als Bauherr und Baubeamter in einer Person frei zu schalten und zu walten. In dem 1835 fertig gestellten Gebäude konnte er seinem besonderen Interesse an einer funktionalen und zugleich ästhetischen Architektur ungehindert Ausdruck verleihen. Eine wichtige Anregung hatten ihm Industriebauten gegeben, die Schinkel 1826 auf einer Englandreise kennen gelernt hatte. Die Bauakademie war in ihrer Entstehungszeit ein radikal modernes Bauwerk. Gerade dieser Bau weist Schinkel als einen der Väter der modernen Architektur aus. Doch auch andere Entwürfe des Berliner Architekten erscheinen überraschend zukunftsweisend, etwa sein Projekt eines öffentlichen Kaufhauses für die Berliner Prachtstraße Unter den Linden.

Auch wenn Schinkel – trotz seines Professorentitels – niemals an der Bauakademie unterrichtete, lässt sich doch sehr wohl von einer Schinkelschule sprechen. Wie kein zweiter Architekt prägte er die deutsche Baukunst des 19. Jahrhunderts und noch weit darüber hinaus. Schinkel war auch selber stets darauf bedacht, sein Werk und seine Ansichten über Architektur zu verbreiten. Schon 1804 verfolgte er den Plan, die bis dahin unterschätzte mittelalterliche Architektur Italiens und Frankreichs durch Abbildungen und Begleittexte bekannt zu machen. Dieses Buchprojekt scheiterte zwar, bildete aber die Grundlage für umfangreiche Studien zu einem Architektonischen Lehrbuch, die Schinkel bis zu seinem Tod betrieb, aber nie abschloss. Das Lehrwerk sollte sein künstlerisches und technisches Wissen zusammenfassen und für die Ausbildung junger Architekten verwertbar machen. Daneben veröffentlichte Schinkel seit 1819 mit ausführlichen Beschreibungen versehene Abbildungen seiner Entwürfe und ausgeführ-

Zwei Wanddekorationen, undatiert
Schinkel kümmerte sich nicht nur um das Mobiliar seiner Gebäude, sondern auch um Details der Raumausstattung, etwa die Textilien und Tapeten.

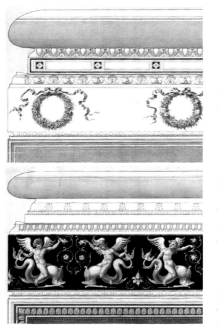

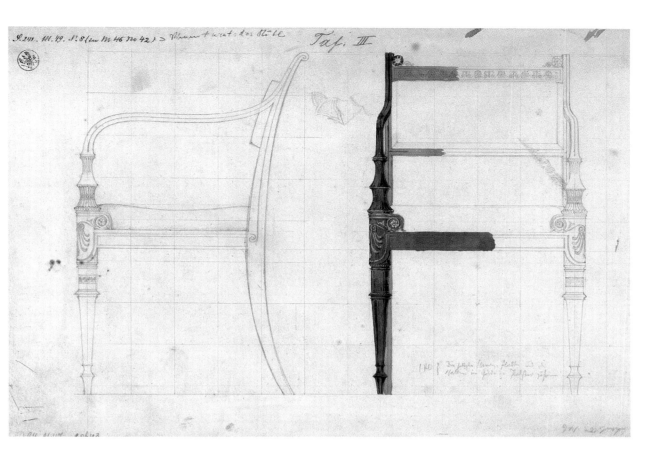

Armlehnstuhl für das Wohnzimmer der Prinzessin Marie, Karl Friedrich Schinkel (Entwurf), Ludwig Lode (Zeichnung), 1827
Schinkel entwarf auch zahlreiche Möbelstücke. Für die Detailzeichnungen und die Ausführung zog er hochspezialisierte Handwerker heran.

ten Bauten in seiner „Sammlung Architektonischer Entwürfe". Die Zeichnungen vermitteln noch heute einen Eindruck davon, wie Schinkel seine Bauten gesehen und verstanden wissen wollte. Das Lehrbuch und die Entwurfssammlung enthalten das künstlerische Vermächtnis des Architekten.

Neben Schinkels Bauwerken gehören auch seine Gemälde, Zeichnungen, Möbel, Inneneinrichtungs- und Bühnenentwürfe zum Besten, was die Kunst des 19. Jahrhunderts hervorgebracht hat. Wie wenige andere Künstler hat Schinkel schon zu Lebzeiten den Ruf eines Genies genossen. Bereits vor seinem Tod entstanden erste Biographien und Würdigungen seiner außerordentlichen Künstlerpersönlichkeit. Aber seine Ausstrahlung blieb nicht auf die eigene Lebenszeit beschränkt – sein Einfluss reicht bis in die Gegenwart hinein und begründet seine Sonderstellung nicht nur in der deutschen Kunstgeschichte.

1800 · Pomonatempel
Pfingstberg, Potsdam

Fassadenentwurf, 1800

In Potsdam wurde, wie im übrigen Brandenburg, noch bis ins 20. Jahrhundert hinein Weinbau betrieben. Sanssouci, das berühmte Lustschloss Friedrichs des Großen im gleichnamigen Schlosspark, erhebt sich über einem terrassierten Weinberg. Auch der Pfingstberg, bis 1817 Judenberg genannt, und die Gärten am Heiligen See waren mit Reben bepflanzt. Da die Berghöhe einen weiten Ausblick in die Umgebung gewährt, war hier schon im 18. Jahrhundert ein kleines Lusthaus errichtet worden, das den Namen „Temple de Pomon" trug, nach Pomona, der römischen Göttin der Baumfrüchte. Der Weinberg befand sich seit 1777 im Besitz von Samuel Gerlach, dem Rektor der Potsdamer Stadtschule. 1787 vermachte er ihn seiner Tochter, die mit Hofrat Karl Ludwig Oesfeld verheiratet war. Oesfeld plante im Jahr 1800, diesen Weinberg zu verschönern. Dazu sollte das alte, inzwischen verfallene Lusthaus abgetragen und an etwas höherer Stelle ein neuer „Pomonatempel" errichtet werden. Mit dem Entwurf des Gartenhauses wurde der damals erst 19jährige Schinkel betraut. Die Ausführung erfolgte durch einen lokalen Baumeister. Im Mai 1801 war das Gebäude fertiggestellt. Es gilt als das erste von Schinkel entworfene und ausgeführte Bauwerk – er hatte zwar nach Friedrich Gillys Tod dessen begonnene Bauprojekte zu Ende geführt, doch keine eigenen Entwürfe umsetzen können. Eine erhaltene Zeichnung Schinkels dokumentiert den Entwurf des kleinen Tempels. Dessen zum Hang gelegene Schauseite ist darin durch einen Portikus mit vier ionischen Säulen ausgezeichnet, und von geringfügigen Abweichungen im Detail abgesehen wurde der Pomonatempel auch entsprechend ausgeführt. Neben einem quadratischen Innenraum weist das kleine Gebäude vor allem eine auf dem Flachdach gelegene Terrasse auf, die durch einen rückseitigen Treppenanbau zu erreichen war. Durch ein Sonnenzelt geschützt, konnten die Besucher den weiten Ausblick über die Hügel, Flüsse und Seen der Umgebung genießen.

Rechts:
Ausschnitt eines Vasenbildes mit dem Pomonatempel, Königliche Porzellanmanufaktur 1837/40
Vom Pomonatempel aus genoss der Besucher eine herrliche Aussicht. Ein Sonnendach schützte ihn vor der Mittagshitze.

Linke Seite:
Ansicht nach dem Wiederaufbau
Im Krieg beschädigt und anschließend dem Verfall überlassen, wurde der Pomonatempel auf dem Pfingstberg 1996 restauriert.

1805 · Denkmal für Martin Luther

Entwurfszeichnung, 1817
In der zweiten Entwurfsphase begnügte sich
Schinkel nicht mehr mit einer Kleinarchitektur. Er
entwarf vielmehr ein großzügiges Gebäude mit
einer mehrfigurigen Skulpturenwand. Seine
Zeitgenossen fühlten sich dabei an Michelangelos
Schöpfungen erinnert.

Linke Seite:
Vorentwurf für den Wettbewerbsbeitrag, 1805
Schinkels Entwurf für ein Lutherdenkmal wurde
nicht ausgeführt. Seine Rundbogenhalle realisierte
man allerdings beim 1839–44 erbauten
Kongressdenkmal in Aachen in einem anderen
inhaltlichen Zusammenhang.

Schinkel entstammte einem protestantischen Pfarrhaus, doch welche Bedeutung
Religion für ihn persönlich hatte, lässt sich nur erahnen. Zwar war er kein fleißiger
Kirchgänger, doch verweist sein Werk mehrfach auf ein starkes religiöses Empfinden.
1805 gerade von seiner Italienreise nach Berlin zurückgekehrt, beteiligte er sich an
einem Wettbewerb zur Errichtung eines Denkmals für den Reformator Martin Luther.
Auftraggeber war eine bürgerliche Vereinigung aus dem Mansfelder Land, der Heimat-
region Luthers. Die Themenstellung musste Schinkel schon aufgrund seines famili-
ären Hintergrunds interessieren. Auch bot der Wettbewerb eine gute Gelegenheit,
nach der Reise wieder auf sich aufmerksam zu machen.

Verschiedene Professoren der Berliner Akademie beteiligten sich an dem Wettbewerb, darunter Schinkels ehemaliger Lehrer Heinrich Gentz und der Bildhauer Johann
Gottfried Schadow. Schinkel projektierte eine einjochige Rundbogenhalle mit Freitreppe. Das Bauwerk gibt sich mit Pfeilern, figurierten Kapitellen (Säulenköpfen) und
Akroterien (bekrönenden Bauelementen) antikisch, doch weitet sich der Innenraum zu
einer rippengewölbten gotisierenden Apsis. Bauformen der Antike und Gotik werden
so in einem Entwurf verschmolzen. Die Halle bot Raum für ein Standbild Luthers.
Knorrige deutsche Eichen rahmen Schinkels Denkmalsentwurf. Sie symbolisieren den
standhaften und zugleich „teutonischen" Charakter Luthers. Das Bauwerk selbst geht
aber kaum auf die individuelle Bedeutung des zu Ehrenden ein – nur wenige Jahre
später sollte Schinkel diesen Aspekt dann beim Luisenmausoleum meisterhaft beherr-
schen. Bei der Auftragsvergabe 1806 wurde Schinkel jedoch nicht berücksichtigt, den
Zuschlag erhielt Schadow, der ein monumentales Standbild entworfen hatte.

Durch die französische Besatzung Preußens wurde die Mansfelder Denkmalpla-
nung nach 1806 allerdings unterbrochen. 1815 zog dann König Friedrich Wilhelm III.,
schon zuvor Schirmherr des Denkmalprojekts, die Planung an sich. Er berief Schinkel,
Schadow und den Bauinspektor Rabe in eine Kommission, die neue Entwürfe vorlegen
sollte. Ähnlich wie beim Dom als Denkmal der Befreiungskriege entwarf Schinkel nun
eine Architektur mit umfangreichem Skulpturenschmuck. Schinkels Zeitgenossen ver-
glichen seinen Entwurf mit Michelangelos genialen Arbeiten für Papst Julius II. Auch
der König war vom überragenden Talent seines „Hofarchitekten" beeindruckt, äußerte
aber, man müsse Schinkel „einen Zaum anlegen", denn die Ausführung seines
Entwurfs hätte enorme Geldsummen verschlungen – aus diesem Grund erhielt Scha-
dows Standbild erneut den Zuschlag und wurde 1821 auf dem Wittenberger Markt
eingeweiht. Schinkel wurde lediglich mit dem Entwurf des gusseisernen Baldachins
betraut.

1810 · Grabmal für Königin Luise

Park des Charlottenburger Schlosses, Berlin

Entwurf der Fassade, 1810
Der König wünschte sich das Mausoleum seiner verstorbenen Gemahlin am Ende einer düsteren Tannenallee. Im Kontrast dazu scheint der grazil und heiter wirkende Grabbau wie von innen heraus zu leuchten.

Königin Luise verstarb 1810 unerwartet im Alter von nur 34 Jahren. Ihr Tod berührte die Untertanen zutiefst. Sie war zur Hoffnungsträgerin geworden, als sie 1807 bei einem persönlichen Treffen mit Napoleon mutig versucht hatte, die Kriegsfolgen für das besiegte Preußen zu mildern. König Friedrich Wilhelm III. befahl, einen dorischen Tempel als Grabmal für die Königin zu errichten; das Mausoleum entstand am Ende einer Tannenallee im Charlottenburger Schlosspark. Schinkel war an der Ausarbeitung der Entwürfe von Heinrich Gentz beteiligt.

Bald nach Baubeginn stellte Schinkel auf der Akademieausstellung einen Gegenentwurf zu dem Gentzschen Mausoleum vor. Die Möglichkeit einer Ausführung bestand nicht, er hatte also einen Idealbau konzipiert: Aus dichtem Baumbewuchs ragt eine gotisierende Kapellenfassade heraus. Die durch Stufen erhöhte Spitzbogenhalle ist zierlich aufgefasst. Vier grazile Engel schweben über schlanken Bündelpfeilern, die Halle wird oben in blütenartige Gestaltungen aufgelöst, die kaum mehr an gotische Vorbilder erinnern. Trotz der Bestimmung als Grabbau wirkt Schinkels Entwurf heiter: Das Mausoleum scheint von innen zu leuchten. Schlanke Pfeiler tragen ein Rippengewölbe, das den Innenraum einem Palmenhain ähneln lässt. An Stelle des Altars steht das Grab Luises, von drei Engeln umgeben. Die scheinbar schlafende Königin wird als heilige Märtyrerin dargestellt. Schinkel beschrieb die beabsichtigte Wirkung: „Das Licht fällt durch die Fenster von drei Nischen, die das Ruhelager von drei Seiten umgeben; das Glas von rosenrother Farbe, wodurch über die ganze Architektur, welche in weißem Marmor ausgeführt ist, ein sanft rothes Dämmerlicht verbreitet wird."

Im Gegensatz zum schließlich ausgeführten antiken Totentempel entwarf Schinkel eine freundliche Architektur. Er beabsichtigte, die „heitere Ansicht des Todes zu geben, welche allein die wahre Religion, das echte Christenthum dem ihr Ergebenen gewährt". Entsprechend entwickelte er eine christlich-gotische Kapelle im Gegensatz zum heidnisch-antiken Tempel. Im Übrigen konzipierte Schinkel das Mausoleum nicht als einen privaten Gedenkort, es sollte vielmehr auch öffentlich zugänglich sein: „Man sollte sich in dieser Halle wohlbefinden, und jedem sollte sie zur Erbauung seines Gemüths offen stehen." Das Grabmal der Luise sollte zugleich ein Hoffnungszeichen für das erstarkende Nationalgefühl und die Wiedergeburt des Staates nach der verheerenden Niederlage gegen Napoleon sein.

Schinkel sah die Gotik auch als patriotischen Stil. Er strebte dabei aber keine Kopie eines bestehenden Gebäudes an. Konstruktion und stilistische Anmutung geben in Verbindung mit frei erfundenen Einzelformen dem Bau eine neuartige Wirkung. Schinkel war auf der Suche nach einem neuen deutschen Nationalstil, in dem Tradition und künstlerische Erfindung gleichermaßen zur Geltung kommen sollten. Auch wenn sein visionärer Mausoleumsentwurf nicht realisiert wurde, erhielt er doch 1811 den Auftrag, das Denkmal für Königin Luise auf dem Marktplatz von Gransee auszuführen.

Linke Seite:
Entwurf des Innenraums, 1810

1813 · Gotischer Dom am Wasser
Gemälde

Studie zum Gemälde, 1813
Um den (fiktiven) Dom korrekt darzustellen, entwarf Schinkel einen detaillierten Grundriss, den er dem gemalten Kirchenbau zu Grunde legte.

Linke Seite:
Gotischer Dom am Wasser, Kopie von Wilhelm Ahlborn nach Karl Friedrich Schinkel, 1823 (nach dem Original von 1813)

Als Maler war Schinkel Autodidakt, gleichwohl schuf er zahlreiche Gemälde, die zum Teil von hochgestellten Persönlichkeiten in Auftrag gegeben wurden. Sie bezaubern aufgrund ihrer gekonnten Ausführung und ihrer Atmosphäre. Zumeist malte er Architektur in romantisch anmutenden Landschaften. Die dargestellten Menschen beleben die Szenerie, fungieren aber auch als Träger der Stimmung.

Die Anregungen für seine Gemälde bezog Schinkel unter anderem aus seinen auf Reisen angefertigten Skizzen und Zeichnungen. Doch auch seine Freude an der Erfindung und Rekonstruktion historischer oder fantastischer Gebäude schlug sich in den Gemälden nieder. Die meisten entstanden vor 1815, als er nur wenige architektonische Aufgaben zu erfüllen hatte. Darunter ist ein Zyklus mit der Darstellung mittelalterlicher Kathedralen besonders beachtenswert. Das 1813 entstandene Bild „Gotischer Dom am Wasser" ist eines der bedeutendsten Gemälde Schinkels. Das Original ist verschollen, doch eine hervorragende Kopie ist erhalten.

Schinkel präsentiert uns eine am Fluss gelegene, mittelalterliche Stadt bei Sonnenuntergang. Am diesseitigen Kai sind Menschen bei der Arbeit dargestellt. Vom gegenüberliegenden Ufer führt eine monumentale Freitreppe zur alles überragenden Kathedrale hinauf. Links und rechts erstreckt sich die teils noch sonnenbeschienene, teils bereits im Schatten liegende Stadt. Kirchen, Bürgerhäuser, ein großartiger Viadukt und sogar ein kleiner antiker Tempel am Flussufer zeugen von ihrer Geschichte und ihrem Wohlstand. Unsere Aufmerksamkeit erregt aber vor allem der sich majestätisch gegen den Abendhimmel erhebende Dom. Er verdeckt die untergehende Sonne, sodass die Kirche halb als Silhouette, halb noch vom letzten Tageslicht angestrahlt erscheint.

Der Dom auf Schinkels Gemälde ist kein Abbild eines realen Gebäudes. Zwar hatte Schinkel auf seiner Studienreise mittelalterliche Kathedralen genau studiert, doch entwarf er hier ein neues architektonisches Wunderwerk, für das er zuvor präzise Konstruktionszeichnungen angefertigt hatte. Schinkels Absicht war es nicht, eine existierende Stadt abzubilden. Indem er die Kirche auf seinem Gemälde stimmungsvoll überhöhte, ersann er eine architektonische und gesellschaftliche Utopie. Gotik war ja für Schinkel ein Stil mit einem auch politischen Gehalt. Aus der deutschen Vergangenheit speiste sich die Hoffnung auf eine erneuerte, erstarkte Gesellschaft, die in diesem Bild deutlich bürgerliche Züge trägt. Mit der Wiederentdeckung „altdeutscher Kunst" befand sich Schinkel ganz im Einklang mit der Gefühlswelt der Romantik, und für seine Malerei war in dieser Hinsicht besonders Caspar David Friedrich ein Vorbild, der in seinen Gemälden ähnliche Stimmungen erzeugte.

1814 · Denkmal der Befreiungskriege
geplant auf dem Leipziger Platz, Berlin

Kreuzbergdenkmal, Berlin, 1818–21
Aus Schinkels Planungen für einen Denkmalsdom ging das Kreuzbergdenkmal hervor. Aus Gusseisen hergestellt, wurde es auf der höchsten Erhebung vor den Toren Berlins errichtet. Engel personifizieren die Schlachten der Befreiungskriege. Der von Schinkel entworfene Orden des Eisernen Kreuzes bekrönt das Denkmal.

Linke Seite:
Entwurf für einen Dom als Denkmal der Befreiungskriege, 1815
Für den Denkmalsdom auf dem Leipziger Platz übernahm Schinkel von Gillys Friedrichdenkmal nicht nur den geplanten Aufstellungsort, sondern auch den monumentalen Sockel. Für gotische Bauwerke war ein derartiger Sockel untypisch.

Der Sieg über Napoleon beendete 1813 die Fremdherrschaft in Deutschland und löste eine Welle des Patriotismus aus. Ziel bürgerlicher Kreise war es, die zersplitterten deutschen Fürstentümer in einem Nationalstaat zu vereinen. Ausdruck fand diese Bestrebung auch in der Planung von Nationaldenkmälern am Ort der Leipziger Völkerschlacht oder im Wunsch nach der Fertigstellung des Kölner Doms.

Auch König Friedrich Wilhelm III. plante ein Siegesdenkmal, doch nicht an einem für die ganze Nation bedeutenden Ort, sondern im Zentrum seiner eigenen Monarchie, in Berlin. 1814 erhielt Schinkel, den seine Gemälde mittelalterlicher Dome für diese Aufgabe empfahlen, den Auftrag, einen gotischen Denkmalsdom zu entwerfen. Schinkels Planungen gingen weit über einen reinen Architektenentwurf hinaus, denn mit dem Dom verknüpften sich verschiedene Ansprüche und Erwartungen. So sollte er Raum bieten für Gottesdienste und patriotische Siegesfeiern. Die Bauplastik sollte an den Sieg über Napoleon erinnern und darüber hinaus die gesamte vaterländische Geschichte darstellen. Übergeordnetes Ziel war es, in den Besuchern des Doms mit den Mitteln der Kunst Gefühle der nationalen Läuterung auszulösen und dadurch die Gesellschaft moralisch zu stärken. Zur Ausführung des Gebäudes sollten alle künstlerischen und finanziellen Kräfte des Staates gebündelt werden, als Nebeneffekt erhoffte sich Schinkel eine verbesserte Ausbildung von Künstlern und Handwerkern.

Schinkels Bauentwurf setzte sich aus drei Teilen zusammen: dem massigen Turm, der in einer filigranen Spitze ausläuft, dem Langhaus und einem gewaltig dimensionierten Kuppelbau. Ein massiver Sockel – für die Gotik unvorstellbar – hebt das Gebäude aus dem städtebaulichen Umfeld heraus und unterstreicht seine Denkmalhaftigkeit. Sockel und Bauplatz (geplanter Standort war der Leipziger Platz) übernahm Schinkel von Friedrich Gillys Entwurf für das Friedrichsdenkmal. Der geplante Kuppelraum verdeutlicht besonders im Außenbau die intendierte Botschaft des Bauwerks. Reiterdenkmäler der preußischen Herrscher sollten an den Gewölbe tragenden Strebepfeilern aufgestellt werden, außerdem Standbilder von „Helden und Staatsmännern älterer und neuerer Zeit". Im oberen Kuppelbereich hätten Skulpturen die göttliche Ordnung symbolisiert und zugleich sinnfällig die Monarchie legitimiert. Bezüge zu Preußen sollten zudem noch Wappen und das Eiserne Kreuz auf der Turmspitze herstellen.

Im Innenraum des Kirchenschiffs plante Schinkel an den Pfeilern Standbilder von Theologen, Gelehrten und Künstlern – also Vertretern des Bürgertums – aufzustellen. Der Sockel schließlich sollte die sterblichen Überreste der vaterländischen Helden aufnehmen und so die „Heiligkeit des Ortes" erhöhen.

Schinkels Denkmalsdom blieb aber, wohl auch wegen der enormen Kosten, ungebaut. Ein Reflex seiner Planung findet sich indes beim 1823 eingeweihten Denkmal auf dem Kreuzberg. Hier wurde Schinkels Dom-Idee in reduzierter Form verwirklicht; nur die oberste Turmspitze ragt in den Himmel über Berlin.

1815 – 1818 · Neue Wache
Unter den Linden 4, Berlin

Die Planung und Errichtung der Neuen Wache in den Jahren 1815–1818 stellte den Wendepunkt in Schinkels Laufbahn dar. Nach den frühen Bauten vor seiner Italienreise war die Neue Wache das erste große Bauprojekt, das Schinkel realisieren konnte. König Friedrich Wilhelm III. bewohnte nach seiner Thronbesteigung weiterhin das Kronprinzenpalais, da das ungemütliche Barockschloss seiner Ahnen keine Anziehungskraft auf ihn ausübte. Seiner Residenz gegenüber befand sich – zwischen Zeughaus und Universität – eine unansehnlich gewordene Kanonierswache. Schon um die Umgebung seiner Wohnung aufzuwerten, befahl der König einen Neubau, der Wach- und Schlafräume für Soldaten seines 1. Regiments enthalten sollte.

Schinkel beabsichtigte anfangs, die Wache am Ende des vorhandenen Kastanienwäldchens zu errichten. Als Vorbild für die geplante Rundbogenhalle dienten italienische Renaissance-Loggien; die Lage am Ende einer Allee ähnelte dem Entwurf für das Luisenmausoleum. Wie das Grabmal der Königin, so sollte auch das Wachgebäude als nationale Gedenkstätte – ein weiteres Denkmal der Befreiungskriege – dienen.

Aber Friedrich Wilhelm III. lehnte Schinkels ersten Entwurf ab und forderte, die Wache an die Straßenfront vorzuziehen, schon allein um den Neubau von seiner Residenz aus sehen zu können. Verschiedene Entwürfe Schinkels folgten, bis er die Funktionen eines Denkmals mit denen eines Nutzbaus vereinen konnte.

Nach Schinkels eigener Aussage sollte sein Entwurf an ein römisches Castrum, ein militärisches Lager, erinnern; die vier Gebäudeecken deuten Türme an. Die Hauptfront ist durch einen dorischen Säulenportikus mit Dreiecksgiebel ausgezeichnet. Im Giebelfeld gemahnt eine antike Schlachtszene an den preußischen Sieg; das Relief wurde erst nach Schinkels Tod ausgeführt. Im Gebälk über den Säulen sind kleine, von Johann Gottfried Schadow entworfene Siegesgöttinnen angebracht. Sie ersetzen die bei dorischen Tempeln üblichen Triglyphen. Trotz der allgemeinen Anlehnung an

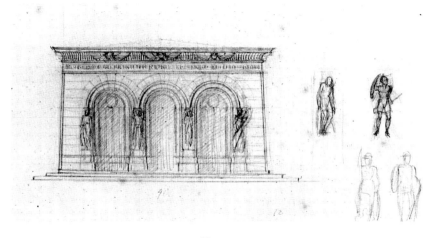

Rechts:

Entwurfszeichnung für die Neue Wache als Rundbogenhalle, 1815

Für das Wachgebäude Unter den Linden fertigte Schinkel zahlreiche Studien an. Besonderen Wert legte er neben der architektonischen Wirkung auf die Einbeziehung monumentaler Bauplastik. Auf diesem Blatt sind verschiedene Skizzen dazu überliefert.

Aufriß Grundriß und Theile des neuen Wachtgebäudes.

Königs Straße.

Spandauer Straße.

Grundriß zur Veränderung des Berliner Rathhauses.

Frontalansicht
Die hervorspringenden Eckrisalite der Neuen Wache sollten an ein römisches Castrum erinnern.

antike Bauformen wich Schinkel bei seiner Neuen Wache bewusst vom traditionellen Stilkanon antiker Architektur ab und kombinierte römische und griechische Bauformen. Das Innere der Wache war schlicht gestaltet. Die zweigeschossige Lösung widersprach dem monumentalisierten Außenbau ebenso wie der asymmetrische Grundriss.

Vor der Wache und auf der gegenüberliegenden Straßenseite wurden Standbilder berühmter Generäle der Befreiungskriege aufgestellt. Schinkel plante darüber hinaus, die gesamte Straße Unter den Linden zu einer skulpturengeschmückten „Via triumphalis" auszubauen. Realisiert wurden davon später aber nur die Plastiken der Schlossbrücke.

Mit der 1818 fertig gestellten Neuen Wache hatte sich Schinkel als Architekt bewährt. Geschickt erzielte er durch die architektonische Gestaltung des relativ kleinen Gebäudes eine monumentale Wirkung. Der König vertraute ihm daraufhin in den folgenden Jahrzehnten die wichtigsten Bauprojekte der preußischen Hauptstadt an.

Linke Seite:
Aufriss, Grundriss und Architekturdetails

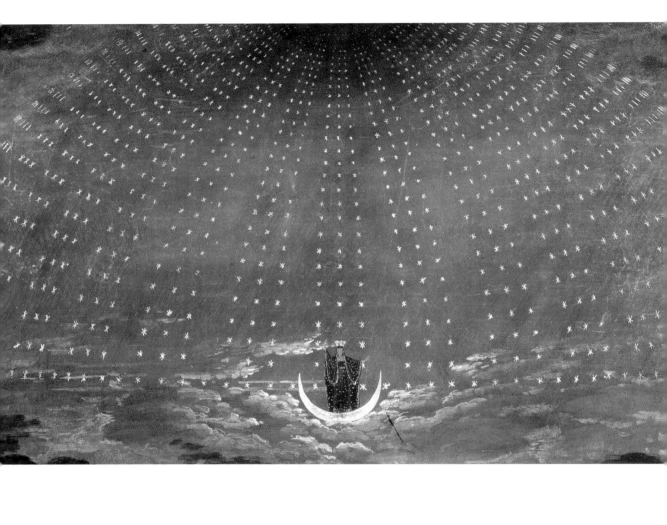

1816 · Bühnenbilder zur Zauberflöte
Königliche Oper ▸ Unter den Linden, Berlin

Aquarell von Eduard Gärtner, um 1832
In der Königlichen Staatsoper, 1741–44 von Georg Wenceslaus von Knobelsdorff errichtet, wurde Mozarts „Die Zauberflöte" erstmals 1816 mit den Bühnenbildern Schinkels aufgeführt.

Schinkel hatte sich schon als Kind für das Theater begeistert und bereits 1798 erste Bühnenbilder entworfen. Doch erst 1815 wurde er am Theater auch beschäftigt. Er konnte zu diesem Zeitpunkt auf langjährige Erfahrungen mit seinen „perspektivisch-optischen Schaubildern" zurückgreifen. Illusionistisch gemalte Hintergründe, geschickte Beleuchtung und bewegliche Figuren hatten dabei dem Betrachter das Gefühl gegeben, reale Landschaften zu erblicken. Die gleichen Gestaltungsprinzipien übertrug Schinkel auf die Theaterbühne und revolutionierte damit die damalige Bühnenpraxis.

Das barocke Theater hatte versucht, durch raffiniert gestaffelte Kulissen und perspektivische Täuschungen den Eindruck möglichst weiter Räume zu erzeugen. Die Perspektive wirkte aber nur von der Herrscherloge aus korrekt; die meisten Zuschauer mussten eine eingeschränkte Sicht und störende Verzerrungen in Kauf nehmen. Schinkels Bühnenaufbau war wesentlich einfacher. Er bestand — bei unveränderter Vorderbühne — aus einem leicht austauschbaren, auf Leinwand gemalten Hintergrund. Licht und Farbe deuten dabei Ort und Stimmung der Handlung nur symbolhaft an. Eine vordergründige illusionistische Täuschung wird vermieden, wie dies auch beim antiken Theater üblich war. Das Resultat war eine verbesserte Sicht von allen Plätzen. Zugleich war Schinkels Bühnenbild preiswerter und schnell umzubauen.

Doch nicht nur in technischer Hinsicht waren Schinkels Bühnenentwürfe innovativ. In geglückter Synthese kamen hier seine malerischen und architektonischen Fähigkeiten gleichermaßen zum Tragen. Auch sein enormes architektur- und stilgeschichtliches Wissen floss in die Entwürfe ein. Neben ihrem optischen Reiz entfalteten die Bühnenbilder damit eine geradezu volksbildnerische Wirkung. Mit seinen Entwürfen hatte Schinkel großen Erfolg. Für 50 Bühnenstücke gestaltete er mindestens 126 Prospekte. Noch heute finden Opernaufführungen statt, die sich Schinkels Bühnenbilder zum Vorbild nehmen.

Am berühmtesten wurden seine Entwürfe zur Mozartoper „Die Zauberflöte". Mit zwölf Bühnenbildern war dies zugleich sein umfangreichster Dekorationsauftrag. Die Premiere fand am 18. Januar 1816 in der Königlichen Oper Unter den Linden statt. Festlicher Anlass war der Jahrestag der Krönung Friedrichs I. am 18.1.1701 zum ersten Preußenkönig. Der Aufwand war enorm. So mussten nicht nur die riesigen Bühnenbilder gemalt, sondern auch der Schnürboden der Oper erhöht werden, um die Prospekte ganz hochziehen zu können. Die Aufführungen wurden zum umjubelten Publikumserfolg. Nicht nur Schinkels Architekturvisionen, gerade auch deren landschaftliche Einbindung mit starken Lichteffekten begeisterte die Zuschauer. Besonders bekannt geworden ist der Prospekt zum Auftritt der Königin der Nacht. Sie erscheint auf der Mondsichel stehend, die Sterne des Firmaments sind zu einer Kuppel angeordnet. In anderen Szenen stand mehr Schinkels architektonisches Interesse im Vordergrund. In einer Mischung aus Fantastik und archäologischer Rekonstruktion entstanden Architekturvisionen, die zugleich starke Stimmungen transportierten.

**Bühnenbildentwurf zu „Die Zauberflöte",
2. Akt, 7–12. Szene: Der Garten Sarastros,
Sphinx im Mondschein, 1815**
Die von Ideen der Freimaurer beeinflusste
Mozartoper ist im ägyptischen Kulturkreis
angesiedelt. Im „Garten des Sarastro" und bei
anderen Dekorationen stellte Schinkel ägyptische
Altertümer dar. Bauwerke wie die Sphinx und die
Pyramiden versetzten den Zuschauer in das
faszinierende, exotische Land am Nil.

Karl Friedrich Schinkel: Bühnenbildentwurf zu „Die Zauberflöte", 2. Akt, 7. Szene: Vor dem Mausoleum, 1815
Neben der gemalten Dekoration spielten bei Schinkels Bühnenbildern die Beleuchtungseffekte eine entscheidende Rolle. Nachtszenen oder die aufgehende Sonne riefen bei den Zuschauern höchstes Erstaunen hervor.

1818–1821 · Schauspielhaus
Gendarmenmarkt, Berlin

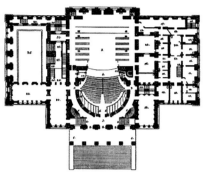

Grundriss des 1. Obergeschosses
Die Eingänge sowie die Foyers und Garderoben lagen im Sockel des Gebäudes. Im Obergeschoss waren der Theatersaal mit dem halbrunden Zuschauerraum, ein zweigeschossiger Konzertsaal und Nebenräume untergebracht.

Frontalansicht
Schinkels Schauspielhaus dominiert mit seiner Tempelfront und der monumentalen Freitreppe noch heute den Gendarmenmarkt. Nach Zerstörungen im Krieg wieder aufgebaut, dient das Gebäude heute nicht mehr als Theater, sondern nur noch als Konzertsaal.

Auf dem Berliner Gendarmenmarkt stand seit 1801 das von Carl Gotthard Langhans (dem Architekten des Brandenburger Tors) errichtete Nationaltheater. Das lang gestreckte Gebäude lag zurückgesetzt zwischen den symmetrischen Kuppelkirchen der deutschen und der französischen Gemeinde. Inmitten dieses Ensembles wirkte das Theater äußerst nüchtern, und die Berliner verspotteten es wegen seiner Dachform als „Koffer" oder „Sarg".

Als das Theater 1817 bis auf die Grundmauern abbrannte, bewarben sich viele Architekten um den Wiederaufbau. Doch Schinkel konnte sich für den prestigeträchtigen Umbau durchsetzen. Überzeugend wirkten nicht nur seine Entwurfszeichnungen; sein Konzept verband zudem Zweckmäßigkeit, Schönheit und Feuersicherheit mit möglichster Sparsamkeit. Das neue Theater sollte zum „überall vollendeten, außen und innen vollkommen zusammenstimmenden Kunstwerk" werden. Dies ließ sich nicht leicht erfüllen, handelte es sich doch nicht um einen Neubau. Denn um Kosten zu sparen, mussten Säulen und vorhandenes Mauerwerk wieder verwendet werden. Zudem wünschte der König, im Theater noch zusätzlich einen Konzert- und Festsaal, eine Probebühne, Lagerräume und gastronomische Einrichtungen unterzubringen.

Schinkel verstand es, die königlichen Wünsche in seinen Entwurf geschickt zu integrieren, auch wenn er dafür die Größe des Theatersaals reduzieren musste. Er drehte den zuvor quergelagerten Saal um 90 Grad. In den hierdurch frei gewordenen, seitlichen Grundmauern des Vorgängerbaus brachte er südlich einen zweigeschossigen Festsaal und nördlich die geforderten Nebenräume unter. So entstanden drei Bauteile, deren massive Zwischenwände die Brandgefahr verringerten.

In den bestehenden Mauern mussten Theater und Bühne stark verkleinert werden: Die Bühne selbst war nur noch zwölf Meter breit. Im Zuschauerraum versuchte Schinkel, gute Sicht und Akustik mit einer möglichst großen Zuschauerzahl zu vereinbaren. Die drei Ränge wurden von Eisensäulen getragen, um die Sicht möglichst nicht zu verstellen. Der kompakte Raum und die plastischen Verzierungen – glatte Flächen wurden vermieden – sollten die Akustik verbessern.

Der südlich gelegene Festsaal gewann durch ionische Säulen und reichen Skulpturenschmuck einen „heiteren Charakter", wie Schinkel es ausdrückte. Die Deckenbemalung, Büsten von Komponisten sowie Dekorationsdetails bezogen sich auf die Funktion des Raums als Konzertsaal.

Im Außenbau treten Zuschauerraum und Bühne durch ein gemeinsames Dach aus der pyramidal gestaffelten Baumasse heraus. Das Sockelgeschoss erhebt das Schauspielhaus – wie ein Podest – über das gewöhnliche Niveau der Stadtarchitektur. Eine großartige Freitreppe führt zum Säulenportikus hinauf, der dem Theatersaal vorgelagert ist. Da sich die Zugänge im Sockel befanden, diente die funktionslose Freitreppe gleichsam als Würdeformel des Musentempels. Als solchen wollte Schinkel das Gebäude verstanden wissen. Auf dem Hauptgiebel steht Apoll majestätisch in seinem von Greifen gezogenen Wagen. Skulpturen, Reliefs und die Architekturformen beziehen sich auf den Ursprung des Theaters im antiken Griechenland.

Schinkel machte beim Schauspielhaus ein Architekturmotiv vom Grab des antiken Chorführers Trasyllos zur Grundlage seiner Wandgestaltung: Die in der Antike ansonsten unübliche Gestaltung einer Fassade mit Pilastern wird hier zum Grundprinzip erhoben. Die Außenwände scheinen nicht aus Mauern mit eingeschnittenen Fensteröffnungen zu bestehen, sie wirken vielmehr wie in tragende Stützen und lastendes Gebälk aufgelöst. Eine Ausnahme bilden nur die Säulen am Portikus, die Schinkel zu übernehmen hatte.

Im Zweiten Weltkrieg wurde das Schauspielhaus zerstört und blieb für Jahrzehnte eine Ruine. Erst 1984 wurde das Gebäude als reiner Konzertsaal wieder eröffnet. Während der Außenbau weitgehend originalgetreu rekonstruiert wurde, kam es im Inneren zu großen Veränderungen. Der Theatersaal wurde nicht wieder hergestellt. An

Entwurfszeichnung für den Zuschauerraum, 1818
Schinkels Planungen für den Zuschauerraum wurden beim Umbau weitgehend umgesetzt. Die Ornamentik variierte man später. Der kompakte Raum und die mit Reliefs verzierten Flächen sollten eine gute Akustik gewährleisten.

seine Stelle trat eine – übermäßig vergrößerte – Kopie des kleinen Schinkelschen Konzertsaals. Nur im Außenbau kann also das Schauspielhaus heute noch Schinkels Bauabsichten vermitteln.

Zweigeschossiger Konzertsaal (1945 zerstört)
Nach dem Vorbild des vergleichsweise kleinen Saals wurde beim Wiederaufbau des Schauspielhauses der zentrale, erheblich größere Konzertsaal rekonstruiert.

1821 – 1824 · Schlossbrücke

Unter den Linden, Berlin

Detail des eisernen Brückengeländers, Entwurf 1819, Guss 1824

Die von Schinkel entworfenen Geländer sind mit Darstellungen von Wasserwesen versehen. Auf höchst dekorative Weise gab er damit der Aufgabe dieser den Kupfergraben überspannenden Brücke Ausdruck.

Linke Seite:

Blick über die Brücke auf den Dom und das Alte Museum

Mit drei Bögen überspannt die 33 Meter breite Schlossbrücke den Kupfergraben. Dank eines Kippmechanismus konnte früher der Schiffsverkehr problemlos passieren. Diese außergewöhnliche Ingenieursleistung und die enormen Baukosten machten die Brücke zu einer der bedeutendsten Bauaufgaben im Berlin der Schinkelzeit.

„Die sogenannte Hundebrücke in der Nähe der schönsten Gebäude der Residenz verunziert diese Gegend so sehr, daß notwendig eine Änderung damit vorgenommen werden muß, die den Umgebungen entspricht." So heißt es in einem Schreiben, das König Friedrich Wilhelm III. im März 1819 an Schinkel richtete. Es enthielt die Aufforderung, die alte Holzbrücke, die in Fortsetzung der Straße Unter den Linden zum Schloss führte, zu erneuern. Wegen der den Kurfürsten zum Tiergarten begleitenden Jagdmeute wurde sie von Alters her Hundebrücke genannt. Erst bei der Grundsteinlegung 1822 erhielt sie dann den Namen Schlossbrücke. Schinkel selbst hatte schon 1816, im Zusammenhang mit dem Bau der Neuen Wache, die Anregung gegeben, die schmale Brücke durch einen repräsentativen Neubau zu ersetzen. Dieser Vorschlag stand im Zusammenhang mit seinem Gesamtplan zur Neugestaltung des Geländes um das Berliner Schloss.

1819 legte er dann den Plan für eine massive Steinbrücke vor, die in voller Straßenbreite von fast 33 Metern über den Kupfergraben führen sollte. Eine besondere Schwierigkeit bestand darin, die prachtvolle Brücke – wegen des Schiffsverkehrs – als Zugbrücke auszuführen. Auf der publizierten Zeichnung verzichtet Schinkel jedoch auf die technischen Details des Kippmechanismus. Er hinterließ der Nachwelt seine Idealvorstellung der Schlossbrücke, die schon aufgrund der immensen Baukosten von fast 400.000 Talern als eines der bedeutendsten Berliner Bauvorhaben der Schinkelzeit gelten kann.

Doch nicht allein die technische Herausforderung und die hohen Kosten machen die Bedeutung des Brückenbaus aus. Durch acht Skulpturengruppen plante Schinkel den Nutzbau zugleich in den Rang eines Denkmals zu erheben. Er entwarf hierzu jeweils einen von einer Siegesgöttin begleiteten, nackten Krieger. Hierdurch wollte er – wie bei der Neuen Wache – an die Heldentaten der nur wenige Jahre zurückliegenden Befreiungskriege erinnern. Bei der Grundsteinlegung hieß es denn auch, dass die Skulpturen „noch unsern spätesten Nachkommen eine herrliche Erinnerung an den Kampf für Freyheit und Selbständigkeit seyn werden, welchen der König und sein Volk so glorreich bestanden hat."

Bei der Ausführung des 1824 beendeten Baus wurden allerdings die für die Bedeutung des Bauwerks so elementaren Skulpturen vom König gestrichen. Ob dies allein aus Kostengründen oder auch wegen des allzu bürgerlich-patriotischen Denkmalcharakters geschah, lässt sich heute nur vermuten. Erst nach dem Tod seines Vaters 1840 ließ Friedrich Wilhelm IV., der Schinkel sehr verehrte, die Skulpturen ausführen. Den einzigen Bauschmuck zu Schinkels Lebzeiten bildeten die kunstvoll gegossenen Eisengitter mit Tritonen, Seepferden und Delfinen. Angesichts der Breite der Straße sollten diese, wie Schinkel erläuterte, eine „Andeutung für den Vorübergehenden bleiben, daß er sich über dem Wasser befinde".

1820 – 1824 · Schloss Tegel
Adelheideallee 19 – 21, Berlin

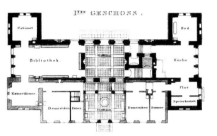

Erdgeschossgrundriss
Im Zentrum des Landhauses liegt das Vestibül, das am eingezeichneten Bodenbelag erkennbar ist. Die Altbausubstanz, die Schinkel beim Ausbau zu berücksichtigen hatte, ist heller, die Neubausubstanz dunkler markiert.

1803 hatte Schinkel Wilhelm von Humboldt kennen gelernt, der damals preußischer Diplomat beim Vatikan war. Humboldt und seine Gattin Caroline blieben Schinkel freundschaftlich verbunden. Nicht zuletzt Humboldts Fürsprache hatte 1810 zu Schinkels Anstellung in den Staatsdienst geführt. 1820 erhielt er den Auftrag, das Humboldtsche Landhaus in Tegel umzubauen. Das so genannte Schloss Tegel sollte Landsitz des Ehepaars werden.

Das landschaftlich reizvoll gelegene Gutshaus stammt aus dem 16. Jahrhundert und war vor dem Umbau ein lang gestrecktes, zweigeschossiges Gebäude mit einem Turm. Der eher unscheinbare Altbau sollte nun ein repräsentatives Erscheinungsbild erhalten, zumal das Gebäude auch öffentlich zugänglich gemacht werden sollte: Humboldts in Rom erworbene Antikensammlung sollte hier ausgestellt werden. Ausschlaggebend für Schinkels Planung waren schließlich die ausgeprägten humanistischen Ideale des Hausherrn und dessen Vorliebe für griechische Kunst und Kultur.

Schinkel hatte sein Geschick in der Umgestaltung von Altbauten bereits beim Schauspielhaus eindrucksvoll bewiesen. Auch in Tegel schuf er Erstaunliches. Er erweiterte die Grundfläche des Landhauses auf das Doppelte, wobei er bestehende Mauern wieder verwendete. Unter Einbeziehung des vorhandenen Turms entstanden an den Ecken vier dreigeschossige Anbauten. Zudem erhielt das Gebäude ein drittes, galerieartiges Obergeschoss. Als der Bau 1824 fertig gestellt war, verwies das strahlend weiße Gebäude nicht nur auf die Grazie italienischer Villen, sondern band auch Einzelmotive der griechischen Antike mit ein. So wurden an den Türmen kopierte Reliefs vom Athener Turm der Winde angebracht. Der Umbau erinnerte die Eigentümer an ihre glücklichen italienischen Jahre, zugleich entstand hier aber auch „das architektonische Ideal eines geistigen Bildungslebens", wie Andreas Haus in seinem Buch „Karl Friedrich Schinkel als Künstler" feststellte. Das drückt sich im architektonischen Typus – Tegel ist mehr Villa als Schloss – ebenso aus wie in der Wandgliederung. Wie beim zeitgleich entstandenen Schauspielhaus ordnete Schinkel die Pilaster auch

Blick ins Vestibül
Beim Umbau schuf Schinkel im Erdgeschoss einen repräsentativen Empfangsraum. Zwei dorische Säulen gliedern die mit Kunstwerken ausgestattete Halle. Im Zentrum steht der antike Calixtusbrunnen.

Linke Seite:
Ansicht der Parkseite
Das kleine, strahlend weiße Schloss Tegel mit seinen vier Türmen ist in einen weitläufigen Landschaftspark eingebettet. Merkmale italienischer Villen sind hier mit griechischen Bauformen und antikisierender Bauplastik verwoben.

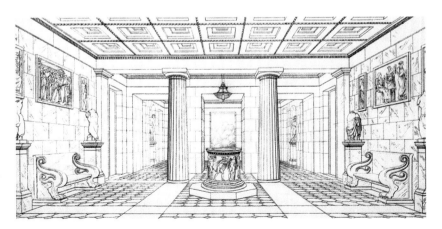

in Tegel nach dem Vorbild des antiken Trasyllos-Monuments an. Das Schloss war somit als ein – wenn auch nur halböffentlicher – Bildungsbau gekennzeichnet.

Diesem Anspruch war auch die Innengestaltung verpflichtet, die bis heute nahezu unverändert erhalten blieb. In der Eingangshalle und im Saal des Obergeschosses wurde die Antikensammlung präsentiert. Die ursprüngliche Erdgeschosswand ersetzte Schinkel durch zwei dorische Säulen. Im Zentrum des repräsentativen Raums stand der antike Calixtusbrunnen, für den der Papst persönlich die Ausfuhrgenehmigung erteilt hatte. An den gequaderten Wänden waren Skulpturen und Reliefs angeordnet. Wie später bei der Einrichtung des Berliner Museums stellte Schinkel hier antike Kunstwerke bewusst in einen Zusammenhang mit frei stehenden Säulen. Im Saal des Obergeschosses wurden Gipsabgüsse aufgestellt. Drehbare Podeste ermöglichten es, die Skulpturen von allen Seiten und im wechselnden Lichteinfall zu studieren. In Humboldts Landhaus wurden somit moderne Praktiken einer Museumsgestaltung angewandt, die die spätere Einrichtung des Berliner Museums vorwegnahmen. Zugleich erscheint die von Schinkel entworfene Architektur im Kontext von Kunstsammlung, Möblierung und Landschaftspark wie ein bewohnbares Gesamtkunstwerk. Heute sind Park und Wohnhaus in Privatbesitz und nur eingeschränkt zugänglich.

Antikensaal im Obergeschoss, Aufnahme um 1935
Wilhelm von Humboldts Skulpturensammlung hatte in dem Gebäude ein ganz besonderes Gewicht. Im Antikensaal waren die antiken Bildhauerwerke in kostbaren Gipsabgüssen versammelt.

**Wilhelm von Humboldt in seinem Arbeits-
zimmer, anonymes Gemälde um 1830**
Auch in seinem Arbeitszimmer umgab sich
Humboldt mit antiken Kunstwerken. Sie verkör-
perten für ihn das künstlerische und gesellschaftliche Ideal der griechischen Kultur.

**Arbeitszimmer Wilhelm von Humboldts,
Fotografie um 1910**
Die historische Fotografie zeigt noch das original
möblierte Zimmer. Im Hintergrund ist die berühmte Bibliothek des Gelehrten zu sehen, die
wie das Mobiliar seit dem Zweiten Weltkrieg verschollen ist.

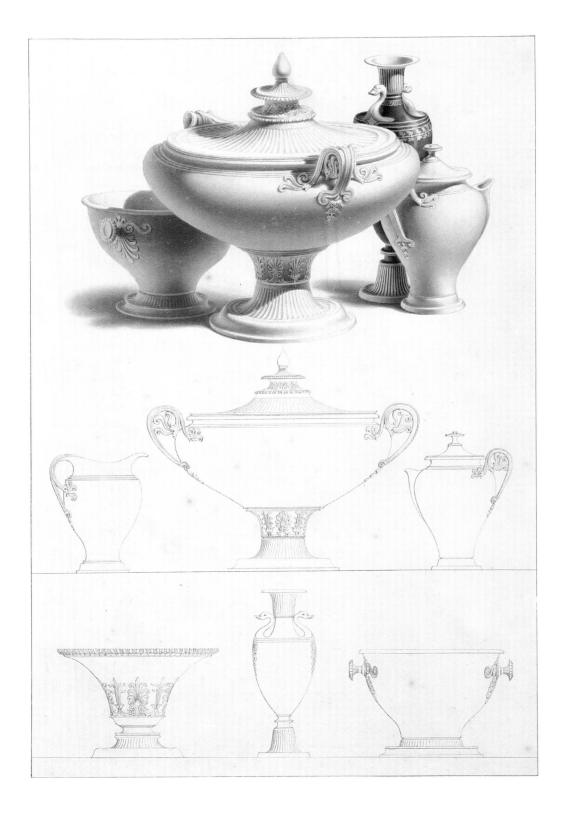

Entwurf für Textilgestaltung, 1821
In die dritte Abteilung der Vorlagensammlung
nahmen Schinkel und Beuth vorbildliche Textil-
entwürfe auf, die durch ihren ornamentalen und
farblichen Reichtum faszinieren.

Linke Seite:
Entwurfszeichnung für Gefäße, 1821
Anschaulich vermitteln Ansicht und Umrisszeich-
nungen die von Schinkel entworfenen Keramiken.
Sie sollten von preußischen Handwerkern als Vor-
lagen benutzt werden.

Zu Beginn des 19. Jahrhunderts lag das preußische Handwerk am Boden. Nicht nur
dass es ihm nach der Niederlage gegen Frankreich an Aufträgen mangelte, vor allem
fehlte es seit längerem an einer fundierten modernen Ausbildung. Die Lehrlinge
wurden meist noch in technisch rückständigen Familienbetrieben in den Beruf geführt,
wodurch die Gewerke den Anschluss an aufstrebende Industrienationen wie England
schlicht verpassten. In Hinblick auf ihre Qualität und ihr Design hatten die heimischen
Produkte damit auch wenig Chancen, sich gegen ausländische Konkurrenz durch-
zusetzen, und auch der Export stockte bedenklich. In dieser Situation versuchte nun
die preußische Regierung, Gewerbe und Handwerk grundlegend zu reformieren.

Schon vor 1800 hatte es seitens der Königlichen Akademie der Künste vereinzelt
Versuche gegeben, die Produktionsverhältnisse zu verbessern, etwa bei der Königlichen Porzellanmanufaktur. 1804/06 wurde dann endlich der Zunftzwang aufgeho-
ben, um neue private Firmengründungen zu begünstigen. Daneben wollte man nun
den Handwerkern auch fundierte wissenschaftlich-technische Kenntnisse vermitteln.

Um solch einen Technologietransfer zu bewerkstelligen, wurde 1810 die „Königlich-
Technische Deputation für Gewerbe" gegründet. Die acht Mitarbeiter dieser Behörde
waren dem preußischen Handelsministerium angegliedert. Zu ihrem Direktor wurde
1819 Peter Christian Beuth, ein langjähriger Freund Schinkels, berufen.

Nach dem Vorbild der 1799 gegründeten Allgemeinen Bauschule wurde 1821 von
der Technischen Deputation die erste höhere „Technische Gewerbeschule" für Handwerker in Berlin auf den Weg gebracht, das spätere Gewerbe-Institut. Die Schule
verfügte neben einem Laboratorium und Werkstätten auch über eine Vorlagen- und
Modellsammlung sowie eine Bibliothek mit angegliederter Graphikabteilung; hier wurden einer jungen Handwerkergeneration zahlreiche neue Anregungen vermittelt. Ziel
war dabei, die Handwerker und Unternehmer in die Lage zu versetzen, wieder markt-
fähige Produkte zu produzieren. Um ihnen dabei nicht nur in technischer Hinsicht,
sondern auch auf ästhetischem Gebiet Anregungen zu liefern, gaben Beuth und
Schinkel seit 1821 die Vorlagensammlung „Vorbilder für Fabrikanten und Handwerker"
heraus.

Die großformatigen und äußerst sorgfältig gestalteten Graphiken wurden einzeln
ausgeliefert und jeweils mit einem Begleittext versehen, den die beiden Herausgeber
gemeinsam verfassten. Die Blätter wurden unter staatlicher Ägide kostenlos an
Bibliotheken, Zeichenschulen, einschlägige Behörden und Künstler verteilt und
gelangten nie in den Handel. Erst 1837 war die Publikation abgeschlossen. Selbst-
bewusst meinte Beuth im Vorwort, dass „das Werk, so wie es ausgeführt ist, nicht
aufhören wird, klassisch zu sein und nützliche Dinge zu leisten."

Die „Vorbilder" gliederten sich in drei Abteilungen: 1. Architektonische und andere
Verzierungen, 2. Geräte, Gefäße und kleine Denkmäler, 3. Vorbilder für die Verzierungen von Textilien. Im Einzelnen behandelten sie eine breite Vielfalt von Produkten,
Materialien, Techniken und Formen. Gefäße aller Art, Bauplastik, Webmuster, Metall-
arbeiten für Zäune, Holzarbeiten für Parkettfußböden, Glasarbeiten, Leuchter und

dekorative Waffen ließen sich anhand dieser Musterentwürfe anfertigen bzw. durchführen. Die anempfohlenen Vorbilder schlugen sich einerseits in Kopien von Kunstwerken der Antike oder der Renaissance nieder, zum anderen steuerte Schinkel selbst als einziger zeitgenössischer Künstler auch eigene Entwürfe bei, wobei er sich ebenfalls am antiken Stilkanon orientierte. Seine Absicht war es, die neuesten Materialien und Produktionstechniken mit den Prinzipien und dem Ethos einer optimalen (klassischen) Form zu verbinden.

Man darf aber die Absichten der beiden Herausgeber nicht missverstehen. Es ging ihnen keineswegs darum, Handwerker zu eigenständigen Künstlern zu veredeln. Beuth mahnte im Gegenteil, sie sollten sich „nicht verleiten lassen, selbst zu komponieren, sondern fleißig, treu und mit Geschmack nachahmen".

Schinkels kunstgewerbliche Entwürfe wurden im preußischen Handwerk denn auch häufig verwendet, galten sie doch als staatlich empfohlene Vorbilder.

Besonders auf dem Gebiet des Eisengusses gewann Schinkel Einfluss auf die Kunstgewerbeproduktion. Im Gegensatz zu vielen anderen Handwerkszweigen war der preußische Metallguss, das im Ausland so genannte „Fer de Berlin", durchaus hoch entwickelt. Schinkel schätzte bei seinen Bauentwürfen ebenso wie bei seinen kunstgewerblichen Produkten die Vorzüge, die der Eisenguss bot, nämlich hohe Stabilität, geringe Materialkosten und die Möglichkeit der seriellen Produktion. Für die königlichen Gärten in Berlin und Potsdam entwarf er seit 1820 Eisenmobiliar, das zum Teil noch heute produziert wird.

Links:

Gusseiserner Tisch, Königliche Eisengießerei Berlin, Entwurf um 1830

In Berlin, einem bedeutenden Zentrum des Eisengusses, entstanden zahlreiche Möbel aus Gusseisen. Der Entwurf für diesen Tisch wird Schinkel zugeschrieben.

Rechte Seite:

Antike Dreifüße aus Herculaneum, Stich von Johann Mathäus Mauch, 1821

In die Vorlagensammlung wurden neben den Entwürfen Schinkels auch Abbildungen antiken Kunsthandwerks aufgenommen, die im 19. Jahrhundert häufig kopiert wurden. Auch Schinkel griff auf diese Vorbilder zurück.

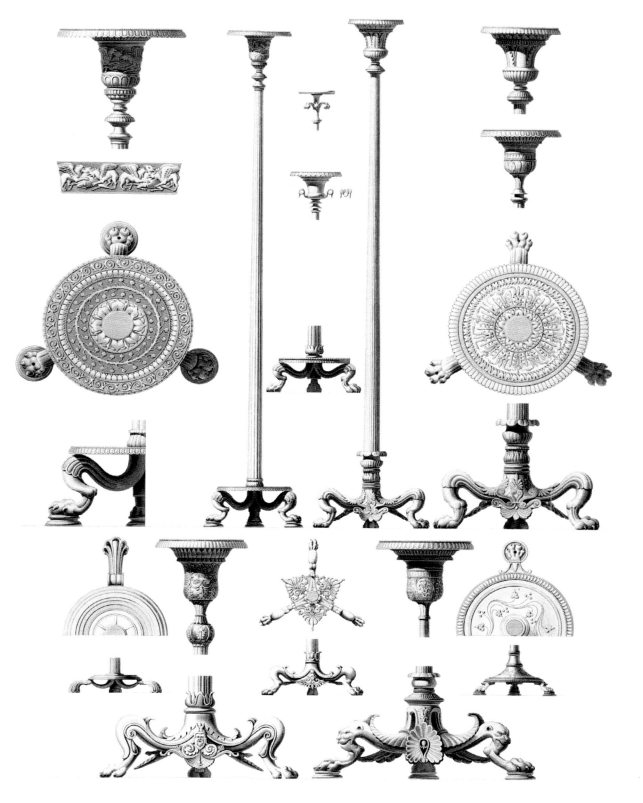

1823 – 1830 · Altes Museum
Am Lustgarten, Berlin

Linke Seite:

Blick in die Rotunde des Alten Museums
Nach dem Vorbild des antiken Pantheon in Rom
entwarf Schinkel den zentralen Raum des
Museums. Zwischen den Säulen wurden besonders geschätzte antike Skulpturen aufgestellt.

Ansicht vom Lustgarten
Die monumentale Hauptansicht des Museums
wird von 18 ionischen Säulen bestimmt. Ein kubi-
scher Aufbau verdeckt die Kuppel der Rotunde.

Bereits 1797 wurde diskutiert, in Berlin ein Museum einzurichten. Die zuvor in Schlössern verborgenen Kunstwerke sollten nun öffentlich zugänglich gemacht und das
Museum eine „Bildungsschule des Geschmackes" werden. Schinkel machte schon
1800 erste Entwürfe, doch erst nach 1815 nahm die Planung konkrete Formen an.
Napoleon hatte die bedeutendsten Kunstwerke Europas nach Paris geschafft. Nach
seiner Niederlage kamen auch die Berliner Kunstschätze wieder zurück. Jetzt wurde
der Wunsch laut, die zurückerhaltene Beutekunst dauerhaft öffentlich auszustellen.

Nachdem der Archäologe Alois Hirt schließlich ein Museumskonzept und Zeichnungen für einen Neubau vorgelegt hatte, präsentierte auch Schinkel einen Entwurf. Er
übertraf Hirts architektonische Gestaltung bei weitem. 1823 wurde Schinkel vom König
mit dem Bauprojekt betraut. Als Standort des Museums sah er den dem Schloss
gegenüber gelegenen Lustgarten vor. Seit Anfang des 18. Jahrhunderts nur noch als
Exerzierplatz genutzt, bot er einen trostlosen Anblick. Schinkel erkannte aber die
städtebauliche Bedeutung dieses Standorts. Er notierte: „... die Schönheit der Gegend
gewinnt durch diesen [Museums-]Bau ihre Vollendung, indem der schöne alte Platz ...
dadurch erst an seiner vierten Seite würdig geschlossen wird." Mit dem Neubau sollte
das Berliner Repräsentationszentrum prachtvoll erweitert werden.

Vom Lustgarten her wirkt das – seit Mitte des 19. Jahrhunderts so bezeichnete –
Alte Museum durch die breit gelagerte Fassade überaus eindrucksvoll. Auf hohem
Sockel sind zwischen zwei Eckpfeilern 18 dicht gereihte ionische Säulen eingespannt.
Die monumentale Fassade ist in ihrer Schlichtheit überwältigend. Erst die Fenster-
öffnungen und ein umlaufendes Gesims deuten an den anderen drei Außenwänden
auf den zweigeschossigen Innenraum hin. An der Eingangsfront steigt der Besucher

eine breite Freitreppe zur schmalen Säulenhalle hinauf. Hinter einer zweiten Säulenreihe führt ihn eine zweiläufige Treppe auf ein großzügiges Podest. Von hier fällt der Blick über den Lustgarten bis zur Friedrichswerderschen Kirche – Innen und Außen verschwimmen, das Museum ist öffentlicher Raum. Diese Treppe ist eine der innovativsten Raumschöpfungen Schinkels, sie macht den Museumsbesuch zum zeremoniellen Ereignis.

Das Museum ist um zwei Innenhöfe angeordnet. Sein Zentrum bildet eine großartige Rotunde, für die Schinkel das Vorbild des römischen Pantheon verwendete. Der Kuppelraum dient nicht allein als Empfangs- und Verteilerzentrale, die in die verschiedenen Sammlungsbereiche führte, sondern „hier muss der Anblick eines schönen und erhabenen Raumes empfänglich machen und eine Stimmung geben für den Genuss und die Erkenntnis dessen, was das Gebäude überhaupt bewahrt", wie Schinkel meinte. 20 ionische Säulen tragen die umlaufende Galerie. Antike Standbilder sind zwischen den Säulen aufgestellt und kennzeichnen die Halle als glanzvolles Geleit in die Sammlung. Durch die Öffnung der großartigen kassettierten Kuppel fällt – wie beim römischen Vorbild – Tageslicht. Reiche Bauformen und farbige Materialien verleihen dem Raum einen noblen Charakter. Die Einstimmung des Besuchers war für Schinkel von so großer Bedeutung, dass er für Rotunde und Treppe etwa ein Drittel der Gesamtfläche des Gebäudes einplante.

Im Museum wurden im Erdgeschoss antike und neuzeitliche Skulpturen aufgestellt. Durch eingestellte Säulen wurde das Stockwerk in zahlreiche Raumeinheiten unterteilt. Im Obergeschoss eingebaute Zwischenwände ließen kleinere Kabinette

Blick vom oberen Podest des Treppenhauses auf den Lustgarten, Aquarell von Michael Carl Gregorovius, 1843
Das Treppenhaus des Museums ist eine der eindrucksvollsten Baugestaltungen Schinkels. Die Grenzen zwischen Innen und Außen verschwimmen hier. Die beiden Säulenreihen und der erhöhte Betrachterstandpunkt schaffen einen interessanten Ausblick.

Ansicht über den Kupfergraben hinweg, 1823
Am rechten Bildrand ist der alte, von Schinkel um-
gebaute Dom zu erkennen, der zusammen mit
Schloss und Museum den Lustgarten architektonisch einfasste.

entstehen, in denen dicht gehängte, nach Malschulen geordnete Gemälde studiert werden konnten. Die Ausstellungsräume sind im Vergleich zur Rotunde nicht auf Repräsentation angelegt; sie dienten ernsthaften Studien. Das Museum wurde am 3. August 1830, dem 60. Geburtstag Friedrich Wilhelms III., eingeweiht und war der damals modernste Museumsbau Europas.

Zu Schinkels Entwurf gehörte ursprünglich auch ein umfangreicher Freskenzyklus, der Themen „aus der Bildungsgeschichte der Menschheit" darstellen sollte, wie der Architekt 1823 in einer Denkschrift festhielt. Auf seinen frühesten Entwürfen sind diese Gemälde bereits angedeutet. 1828–34 fertigte Schinkel sechs detaillierte Zeichnungen an. Sie zeigen anhand verschiedener Stoffe aus der antiken Mythologie die Entwicklungsgeschichte der Menschheit und ihrer Tugenden. Doch wie die Skulpturen der Schlossbrücke konnte auch der Freskenzyklus erst nach Schinkels Tod realisiert werden. Unter der Leitung von Peter Cornelius wurden die von Schinkel entworfenen Fresken bis 1855 ausgeführt, für die übrigen Wandfelder wurden später weitere Darstellungen im Sinne Schinkels gemalt. Die Fresken sollten den Zweck erfüllen, die dank der einzelnen Exponate im Museum nachzuvollziehenden Kulturleistungen in einen größeren geistesgeschichtlichen Zusammenhang einzuordnen. Im Zweiten Weltkrieg zerstört, wurden die Wandgemälde bei der Restaurierung des Gebäudes nicht wiederhergestellt. Nur wenige Fragmente sind erhalten. Auch die Gestaltung der Innenräume wurde nach 1945 verändert.

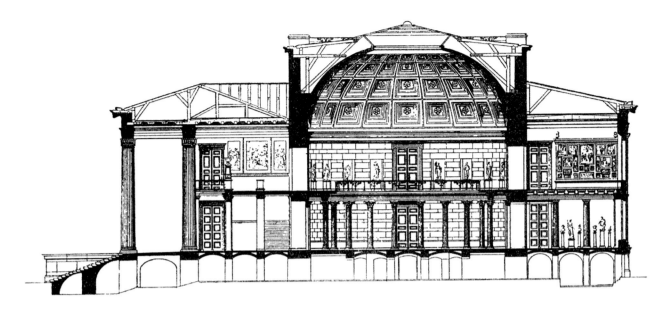

Oben:

Schnitt durch das Gebäude
Die Rotunde und das großartige Treppenhaus mit
den Wandgemälden Schinkels (links) nehmen
einen erheblichen Teil der Gesamtfläche des
Museums ein. In den um die Innenhöfe verlau-
fenden Flügeln sind Gemälde und Skulpturen
ausgestellt.

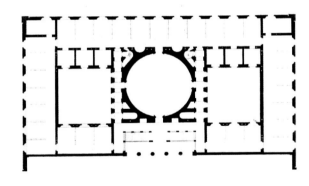

Rechts:

Grundrisse des Erd- und Obergeschosses
Die beiden Hauptgeschosse des Museums sind
für die Präsentation von Gemälden und Skulpturen angelegt. Im zweiten Obergeschoss wurden
die Bilder in kleinen Kabinetten präsentiert. Eine
Etage darunter waren die Plastiken in Raum-
fluchten aufgestellt, die lediglich durch eingestellte Säulen gegliedert wurden.

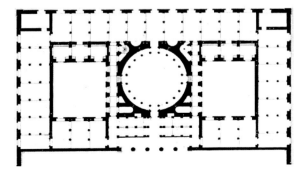

Rechte Seite:

Blick in die Kollonade, um 1915
Die Monumentalität der Säulenhalle unterstreicht
die Bedeutung, die Schinkel der Kunst beimaß.
Auf dieser Ansicht sind noch Schinkels Wandgemälde zu erkennen. Im Zweiten Weltkrieg
stark beschädigt, wurden sie später entfernt.

1824 – 1828 · Kronprinzenwohnung
Berliner Schloss ▸ Schlossplatz, Berlin

Friedrich Wilhelm IV. in seinem Wohn- und Arbeitszimmer im Berliner Schloss, um 1846, Gemälde von Franz Krüger
Kronprinz Friedrich Wilhelm (seit 1840 König Friedrich Wilhelm IV.) entwarf mit Unterstützung Schinkels seine Wohnung im Berliner Schloss selbst. Bedeutende mittelalterliche und barocke Räume blieben dabei ausdrücklich unangetastet, andere Räume wurden in antikisierender Manier ausgestattet.

Linke Seite:
Teesalon, Blick nach Westen, um 1830, anonymes Aquarell
Das an die Decke gemalte Sonnensegel und die Grünpflanzen hinter der Rundbank vermitteln den Eindruck, als ob sich der Raum unter freiem Himmel befände.

Kronprinz Friedrich Wilhelm bewohnte im Berliner Schloss seit 1816 Räume der ehemaligen Wohnung Friedrichs des Großen. Erst nach seiner Hochzeit erhielt der Thronfolger 1824 die Genehmigung, die im Stil des Rokoko gestalteten Zimmer umzubauen. Seine Skizzen dienten Karl Friedrich Schinkel und dessen Mitarbeitern als Vorlage für Möbel- und Raumentwürfe, die bis 1828 umgesetzt wurden. Auch wenn schließlich nur drei Räume im Sinne der ursprünglichen Planung ausgestattet werden konnten, gehört die Kronprinzenwohnung doch zu den gelungensten Interieurgestaltungen ihrer Zeit.

Das Kronprinzenpaar verfügte über sechs Zimmer und einige Nebenräume in der Nordostecke des Schlosses. Zum Wohnbereich gehörte auch der älteste noch erhaltene Teil des Bauwerks, die spätgotische Erasmuskapelle, die seit Mitte des 18. Jahrhunderts als Wohnraum genutzt worden war. Unter dem wieder frei gelegten spätgotischen Gewölbe ließ der Kronprinz sein mittelalterlich anmutendes Arbeitszimmer einrichten. Seinen künstlerischen Interessen entsprechend, fanden sich hier zahlreiche Sammlungsschränke, Zeichnungsmappen, Gemälde und Skulpturen. Schinkel ordnete seine Raumausstattung dem originalen Baubestand unter. Die von ihm entworfenen Sitzmöbel weisen gotische Formen auf, die Möblierung insgesamt bleibt neutral. Dem rücksichtsvollen Umgang des Architekten mit historischen Räumen war auch zu danken, dass das ehemalige Schreibkabinett Friedrichs II. mit seiner grazilen, damals aber unmodernen Rokokoausstattung unverändert erhalten blieb. Kronprinzessin Elisabeth nutzte den runden Raum als Schreibzimmer.

Das anschließende ehemalige Konzertzimmer des großen Vorfahren blieb weiterhin Gesellschaftsraum, doch erfuhr es eine vollständige Neugestaltung. Wie beim gleichzeitig ausgebauten Charlottenhof nimmt eine Exedra, in diesem Fall ein halbrunder Diwan, eine besondere Stellung ein. In Charlottenhof begrenzt die Sitzbank die erhöhte Terrasse, hier ist sie in den Innenraum hineingeholt. Auch beim Teesalon vermitteln die mit einem Sonnensegel bemalte Zimmerdecke und Grünpflanzen den Eindruck, dass man sich unter freiem Himmel befindet. Die Wände des freundlichen Raums sind aufwändig gestaltet. Ringsum verläuft ein Paneel aus schmalen Wandschränken. Es bildet den Sockel für figürliche Konsolen mit Skulpturen, die in einen Fries mit Rundbildern hineinragen. Sowohl Plastiken als auch Gemälde zeigen Gestalten der antiken Götter- und Sagenwelt. Wie der Landsitz gemahnt auch dieser Raum an die griechische Antike. Doch wird im Berliner Schloss auch der Familientradition gedacht: Einzelne Räume erinnern an die Spätgotik – früher Höhepunkt kurfürstlicher Macht – und die Zeit Friedrichs des Großen.

Bis auf einige Skulpturen des Bildhauers Tieck hat sich von der Ausstattung des Teesalons nichts erhalten. Die von Schinkel mitgestaltete Kronprinzenwohnung ging gemeinsam mit dem Berliner Schloss in der Mitte des 20. Jahrhunderts unter.

Oben:
Die Erasmuskapelle, Aquarell von Johann Heinrich Hintze, 1839
Die alte Erasmuskapelle des Berliner Schlosses hatte man durch das Einziehen einer Zwischendecke für Wohnzwecke nutzbar gemacht.

Links:
Blick von Südosten auf das Schloss, Gemälde von Maximilian Roch, 1834
Die Wohnung des Kronprinzenpaars lag in der südöstlichen Ecke des Berliner Schlosses im 2. Obergeschoss. Am Spreeflügel ragt die alte Erasmuskapelle über die Fassade hinaus. Der Teesalon liegt im straßenseitigen Schlossflügel.

Linke Seite:
Blick in den Teesalon

1824–1830 · Friedrichswerdersche Kirche
Am Werderschen Markt, Berlin

Blick in den Innenraum
In seinen Zeichnungen verstand es Schinkel,
seine Gebäude optimal zu präsentieren.
Geschickte perspektivische Darstellungen und
Staffagefiguren dramatisieren die Bauten.

Linke Seite:
Ansicht der Hauptfassade
Ursprünglich war die Friedrichswerdersche Kirche
in einen engen städtebaulichen Kontext einge-
bunden: Wohnhäuser, später auch das Gebäude
der Bauakademie, umstanden den Werderschen
Markt. Heute steht das Gotteshaus weitgehend
isoliert da.

Die Friedrichswerdersche Kirche erhielt ihren Namen nach dem Friedrichswerder,
einem Berliner Stadtteil unweit des königlichen Schlosses, wo nach dem Dreißig-
jährigen Krieg bevorzugt Handwerker und Glaubensflüchtlinge angesiedelt worden
waren. Ein um 1700 umgebautes Reithaus diente als Gotteshaus der deutschen und
der französischen Gemeinde. Seit 1819 erwog der König einen Neubau der baufällig
gewordenen Kirche. Schinkel begutachtete als zuständiger Baubeamter die einge-
gangenen Entwürfe. Mit diesen unzufrieden, fertigte er eigene Gegenvorschläge an.
Dabei bezog er sich auf antike Vorbilder, denn inzwischen hatte er sich von seinem
früheren Ideal einer romantischen, mittelalterlichen Architektur abgewandt. Doch
König und Kronprinz forderten einen Kirchenneubau in gotischem Stil. Diesem Befehl
folgend, entwickelte Schinkel auch Entwürfe für ein gotisierendes Gotteshaus. 1824
legte er dem König vier Projekte zur Entscheidung vor. Das erhaltene Blatt zeigt zwei
antikisierende und zwei gotisierende Kirchen. Die antiken Anlagen unterscheiden sich
dabei lediglich in der Stilwahl, nicht im Baukubus. Der eine ist im dorischen Stil
gehalten, der andere weist eine korinthische Ordnung auf. In beiden Fällen schließt
sich dem Säulentempel ein zylindrischer Kuppelbau an, der den Chor aufnehmen
sollte. Die gotisierenden Entwürfe variieren dagegen im Hinblick auf die Fassadengestaltung. Alternativ zum massiven Einturm schlägt Schinkel eine Ausführung mit
zwei zierlicheren Ecktürmen vor. Für den Innenraum entstanden zwei entsprechende
Alternativen: ein gotischer Wandpfeilersaal mit Sterngewölbe sowie ein antik-
römischer Innenraum. Bei beiden Entwürfen stimmen Konstruktionssystem und die
Raumaufteilung überein, doch ist die jeweilige Raumwirkung verblüffend unter-
schiedlich. Die Bauglieder werden virtuos von einer Stilform in die andere übertragen.

Der König entschied sich 1824 für Schinkels Entwurf einer gotischen Zweiturm-
kirche. Er wurde bis 1830 ausgeführt. Man errichtete die Kirche als Sichtziegelbau, was
einer neuen Materialästhetik entsprach. Entsprechend seiner Vorliebe für antike Architektur, wählte Schinkel für die Friedrichswerdersche Kirche eine möglichst schlichte
Ausprägung der Gotik. Indem er dabei auf antike Bauprinzipien zurückgriff, entstand
eine „antikisierende Gotik": Die klar strukturierten Formen der ausgeführten Kirche
orientieren sich nur entfernt an Formen der mittelalterlichen Backsteingotik, sie haben
nichts mit ihrem transparenten Wandaufbau gemein. Kaum vortretende Strebepfeiler
und die stark horizontale Wandgliederung erinnern an Tragen und Lasten bei antiken
Bauten. Das für mittelalterliche Kirchen typische steile Satteldach fehlt, eine Attika
verbirgt das Flachdach. Schinkel verwendete keine gotischen Spitzhelme, Vorbilder für
die kubischen Türme fand er stattdessen in der englischen Gotik. Der feingliedrige
Innenraum der Kirche steht im Kontrast zum strengen Außenbau. Farbige Bau-
materialien und die Bemalung schaffen mit der aufstrebenden Architektur einen
harmonischen Gesamteindruck.

1825 · Blick in Griechenlands Blüte
Gemälde

Schinkels Gemälde „Blick in Griechenlands Blüte" ging 1825 als Hochzeitsgeschenk der Stadt Berlin an Prinzessin Luise, die den niederländischen Prinzen Friedrich heiratete. Im Gegensatz zum 1813 gemalten „Mittelalterlichen Dom am Wasser" ist dieses Bild der griechischen Kultur gewidmet, die in Schinkels Vorlieben längst die mittelalterliche Kunst verdrängt hatte. Durch Vermittlung Wilhelm von Humboldts, des Bauherrn von Schloss Tegel, hatte Schinkel schon Jahre zuvor in der griechischen Antike ein nicht nur künstlerisches, sondern auch gesellschaftliches Ideal erkannt. Humboldt hatte in diesem Sinne gemeint: „Die Griechen haben die Bildung des ganzen Menschen, sie sind für uns, was ihre Götter für sie waren."

Das querformatige Gemälde hat eine Größe von 94 x 233 Zentimetern. Bildkomposition und Thematik heben Schinkels Arbeit deutlich von den damals üblichen Darstellungen antiker Bauwerke ab. Diese zeigten gemeinhin melancholisch überwucherte Ruinen, die noch im Niedergang einstige Größe erahnen ließen. Schinkel führt hingegen, wie schon der Titel besagt, die blühende Kultur der alten Griechen vor Augen. Der Neubau eines Tempels nimmt den gesamten Bildvordergrund ein. Zu sehen ist dabei nur der oberste Gebäudeteil. Der Betrachter, den ein leichter Schwindel zu überfallen droht, findet sich gleichsam auf dem Baugerüst stehend. Durch die Staffagefiguren wird er in das Bildgeschehen hineingezogen. Künstler und Handwerker sind mit der Vollendung des Gebäudes beschäftigt: Ein mit reichen Skulpturen versehenes Gebälkstück wird gerade an seinen Bestimmungsort verbracht. Unser Blick wandert weiter in die hügelige Landschaft. Links nähert sich ein Heerzug der Baustelle. Auf dem vorgelagerten Hügel befinden sich im Halbschatten mehrere großartige Denkmäler und Grabanlagen. Im Tal erstreckt sich eine prosperierende Stadt mit Palästen, Tempeln und öffentlichen Gebäuden. Die planmäßig angelegte Siedlung verrät viel vom städtebaulichen Ideal Schinkels.

Die Aussage des Gemäldes ist nicht verklärend rückwärtsgewandt; der Maler beschwört in diesem programmatischen Prospekt vielmehr die Erneuerung einer bewunderungswürdigen Kultur in Gegenwart oder Zukunft. Für Berlin, das so genannte Spree-Athen, wollte Schinkel mit seinen Bauwerken etwas vom – eben auch gesellschaftlich relevanten – antiken Ideal in die Gegenwart holen. Seine Vision für eine zukünftige Gesellschaft drückt sich auch in diesem Gemälde aus: „Hier kann man im Bilde mit diesem [ausgezeichneten] Volke leben und dasselbe in allen seinen rein menschlichen und politischen Verhältnissen verfolgen."

Die Absicht des Malers ist es aber auch, Natur und kulturelles Wirken des Menschen miteinander in Einklang zu bringen. Über seine Gemälde hat er einmal geäußert: „Der Reiz der Landschaft wird erhöht, indem man die Spuren des Menschlichen recht entschieden hervortreten läßt, entweder so, daß man ein Volk in seinem frühesten goldenen Zeitalter genießen sieht ... oder die Landschaft läßt die ganze Fülle der Kultur eines höchst ausgebildeten Volkes sehen, welches jenen Gegenstand der Natur geschickt zu benutzen wußte, um daraus einen erhöhten Lebensgenuß für das Volk im allgemeinen zu ziehen."

Linke Seite:
Blick in Griechenlands Blüte, Wilhelm Ahlborn, Kopie nach Karl Friedrich Schinkel, 1836 nach dem Original von 1825.
Das heute verschollene Originalgemälde Schinkels wurde mehrfach kopiert, sodass nicht nur die Darstellung, sondern auch die Farbwirkung recht verlässlich überliefert ist.

Detail
Für die Darstellung der antiken Baustelle kamen Schinkel nicht nur seine praktischen Erfahrungen zugute. Er nutzte auch seine archäologischen Kenntnisse. Der Marmorblock, der gerade versetzt wird, nimmt ein Motiv vom Parthenonfries der Akropolis auf. Schinkel verwendete es allerdings seitenverkehrt, um es der Gemäldekomposition anzupassen.

1826–1829 · Schloss Charlottenhof
Potsdam

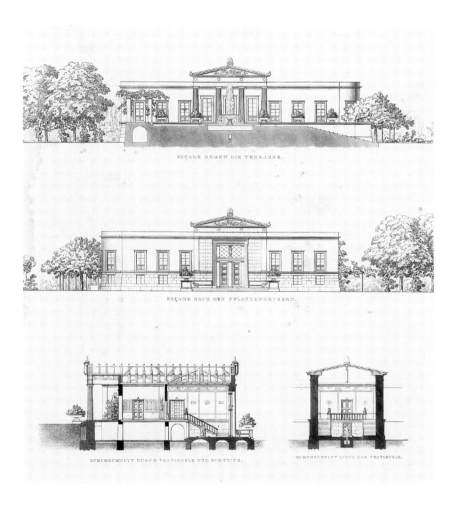

Rechts:
Ansichten und Schnitte

Linke Seite:
Ansicht der Gartenseite, 1826–29
Die aufgeschüttete Terrasse lässt das Schloss wie ein eingeschossiges Gebäude erscheinen. Das Souterrain, in dem die Wirtschaftsräume lagen, ist verborgen. Die angepflanzten Platanen sollten der Anlage einen südlichen Charakter verleihen.

Südlich des Parks von Sanssouci erwarb der König 1825 ein Anwesen, das er dem Kronprinzen zu Weihnachten schenkte. Wie seine Brüder sollte auch Friedrich Wilhelm einen Sommersitz in Potsdam erhalten. Die Bauplanung übernahm Karl Friedrich Schinkel. Auf dem weitläufigen Gelände befand sich ein Herrenhaus aus dem 18. Jahrhundert. Der Schenkungsurkunde lagen Pläne des Landschaftsgärtners Lenné bei, die das Grundstück in den Schlosspark integrierten.

Der kunstsinnige Kronprinz war besonders architekturbegeistert; Schinkel hatte ihn bereits früher als Zeichen- und Architekturlehrer unterrichtet. Der Umbau von Charlottenhof wurde daher von Auftraggeber und Architekt gemeinsam geplant, während man Lenné für die Parkgestaltung hinzuzog. Das vorhandene Gebäude war nicht sehr groß. Es bestand aus Sockel- und Hauptgeschoss und einem hohem Dach.

Der Plan war, das Landhaus zur antiken Villa umzugestalten – sie sollte dem Prinzen als Rückzugsort dienen und zugleich seiner Antikenverehrung Rechnung tragen. Wie üblich musste Schinkel aus Kostengründen möglichst viel Bausubstanz erhalten. Kubatur, Fensteröffnungen und Innenwände blieben fast unverändert. Gleichwohl war das Gebäude nach dem Umbau nicht wiederzuerkennen. Das hohe Dach war entfernt und dem flachen Baukörper stattdessen ein erhöhter Tempelbau mittig übergestülpt worden. Ein halbrunder Erker am Schlafzimmer des Kronprinzenpaars ermöglichte einen weiten Parkblick. Charlottenhof präsentierte sich nach dem Umbau als antikisierende Villa von schlichter Eleganz.

Großen Anteil an der neuen Wirkung hatte auch die ausgefeilte Parkgestaltung. Gartenseitig wurde Erde aufgeschüttet, um das Sockelgeschoss vollständig zu verdecken. Am Ende der so entstandenen Terrasse wurde eine Exedra, eine halbrunde Sitzbank, errichtet, von der aus man die Villa, den Park und das Neue Palais Friedrichs des Großen erblicken kann. Von der Gartenseite aus gesehen, erscheint Charlottenhof wie nachträglich in einen antiken Tempel hineingebaut. Springbrunnen, weinumrankte Pergolen, Skulpturen und Wasserbecken verstärken das mediterrane Flair der Gesamtanlage. Im Hauptgeschoss verfügt das Schloss über zehn, zum Teil recht kleine Zimmer. In der Mittelachse des Gebäudes liegen mit Vestibül, Salon und Terrasse die Repräsentationsräume. Im Norden schließen sich die Privatzimmer an. Besonders beachtenswert ist die noch erhaltene Innenausstattung, die Schinkel selbst teilweise entworfen hat. Südlich des Salons lag der Gästebereich. Der originellste Raum ist hier das Zeltzimmer, das durch blauweiß gestreifte Stoffbahnen wie ein Reisezelt wirkt. Die Dienerschaft war im Sockelgeschoss untergebracht.

Charlottenhof mutet schon wegen seiner geringen Größe eher wie ein bürgerlicher Sommersitz an. Das Schloss war allerdings auch nur als Provisorium gedacht. Im Westen des Geländes planten Schinkel und der Kronprinz ein weitläufiges Bauensemble. Hier sollte eine Rekonstruktion jener toskanischen Villa entstehen, die der antike Schriftsteller Plinius beschrieben hatte. Diese großartige Erweiterung von Charlottenhof blieb jedoch, wie so viele Entwürfe Schinkels, unrealisiert.

Ab 1829 entstanden aber unweit vom Schloss die so genannten Römischen Bäder. Der Hauptzweck dieser Anlage war, einen überaus angenehmen Aufenthaltsort zu schaffen. Die asymmetrisch angeordneten Baukörper gruppieren sich um mehrere Innenhöfe und öffnen sich zu Lauben und Pergolen. Lediglich das Hauptgebäude besaß einen unmittelbar praktischen Nutzen: Es diente als Gärtnerwohnung.

An den Entwürfen für diese pittoreske Anlage beteiligte sich erneut der Kronprinz. Auch Schinkel dürfte Einfluss auf die Planung genommen haben, die jedoch in der Hauptsache das Werk des Architekten und Schinkelschülers Ludwig Persius war. In den Römischen Bädern werden Vorbilder einer ländlichen italienischen Architektur verarbeitet, die Schinkel 1804 auf seiner Italienreise kennen gelernt hatte. Damals

Das Rosa Zimmer
Für die Wandgestaltung und das Mobiliar zog Schinkel antike Vorbilder heran. Der Gemäldefries – an pompeianischer Malerei orientiert – zeigt weibliche Figuren.

Rechte Seite:
Das Zeltzimmer
In diesem Raum, der wie ein Reisezelt gestaltet war, logierten die Gäste des Kronprinzenpaars. Auch der Forscher und Weltreisende Alexander von Humboldt nahm hier häufig Quartier.

Römische Bäder im Park Sanssouci, Vier Karyatiden vor der Badenische
Nachbildungen der Karyatiden vom Erechteion der Akroplis in Athen schmücken die Badenische. Die reich mit Malerei und Skulptur ausgestatteten Innenräume überraschen den Besucher, der in der bäuerlich anmutenden Anlage kaum antike Gebäudeteile erwartet.

Linke Seite:
Römische Bäder, 1829–39, Blick auf den Eingangsbereich
Das deutlich an die ländliche Architektur Italiens angelehnte Bauensemble der Römischen Bäder enthält eine Gärtnerwohnung. Die meisten anderen Räume wurden nicht bewohnt. Der Kronprinz nutzte die Römischen Bäder nur für kurze Aufenthalte.

hatte er geplant, diese weitgehend unbekannten mittelalterlichen Bauten in einer Publikation vorzustellen. In den Römischen Bädern bei Charlottenhof verbinden sich verschiedene Baustile zu einem vermeintlich über eine lange Zeitspanne hinweg gewachsenen Ensemble. Schinkel charakterisierte es als ein „malerisch-gruppiertes Ganzes, welches mannigfaltige angenehme Ansichten, heimliche Ruheplätze, behagliche Zimmer und offene Räume für den Genuß des Landlebens darbiete".

ANSICHT DER KIRCHE IN DER ORANIENBURGER VORSTADT BEI BERLIN. NACH DEM ENTWURF N.º IV.

1828–1835 · Vorstadtkirchen

Im ersten Drittel des 19. Jahrhunderts erlebte Berlin einen rasanten Bevölkerungszuwachs. Besonders nördlich des alten Stadtzentrums entstanden neue Wohngebiete für ärmere Bevölkerungsschichten. Um die seelsorgerische Betreuung in der Oranienburger Vorstadt zu gewährleisten, erteilte Friedrich Wilhelm III. im Februar 1828 Schinkel den Auftrag, zwei Kirchen zu errichten. Mit jeweils 2500 bis 3000 Plätzen sollten sie fast doppelt so groß werden wie der Dom oder die Friedrichswerdersche Kirche. Der besondere Reiz dieser Aufgabe bestand für den Architekten darin, außerhalb des Stadtzentrums „allein ihrem inneren Zweck entsprechende evangelische Kirchen" ohne Rücksichtnahme auf eine etwaige Nachbarbebauung entwerfen zu können.

Schinkel legte im August 1828 fünf Entwürfe vor. Die „Kirche im Kreisrund" und die „Kirche mit Vorhalle" machen die große Bandbreite Schinkelscher Bauentwürfe deutlich. Die zylindrische Kirche ist einer der gewagtesten Entwürfe des Architekten, der hier das herkömmliche Aussehen gotischer oder barocker Kirchen radikal verändert – das viergeschossige Gotteshaus erweckt eher den Eindruck eines industriellen Nutzbaus. Als Verweis auf die kirchliche Bestimmung dient lediglich die aufgesetzte Tambourkuppel mit Laterne.

Dagegen ist Schinkels Entwurf für eine Kirche mit Vorhalle weitaus traditioneller und stark an antiken Formen orientiert. Der rechteckige Grundriss mit den in Eckräumen gelegenen Treppenaufgängen ist aber ebenfalls auf hohe Funktionalität ausgerichtet. Der König wählte zwei Entwürfe auf rechteckigem Grundriss aus.

Wie Schinkel selbst betonte, standen die Baukosten der überdimensionierten Kirchen allerdings in einem ungünstigen Verhältnis zur Zahl der vorgesehenen Sitzplätze; kleinere Kirchen waren wesentlich günstiger zu bauen. Auf Schinkels Initiative hin wurde deshalb auf die Großbauten verzichtet. Seine Entwürfe blieben jedoch weiterhin Planungsgrundlage, er reduzierte sie aber 1829 im Maßstab.

Nach Abschluss der ersten Planungsphase zog sich der Baubeginn noch mehrere Jahre hin. Einerseits hatten König und Kronprinz unterschiedliche Auffassungen vom Kirchenbau, andererseits verhinderte eine Choleraepidemie, die auch Berlin heimsuchte, die zügige Bauausführung. Als dann 1832 endlich an die Fertigstellung der Kirchen gedacht werden konnte (mit dem Bau der später so genannten Elisabethkirche war bereits begonnen worden), hatte sich die soziale Lage in den nördlichen Vorstädten durch die Epidemie derart verschärft, dass der König nun die Errichtung von vier Kirchen wünschte. Hierdurch sollte die seelsorgerische Betreuung der Bevölkerung verbessert und möglichen sozialen Unruhen vorgebeugt werden.

Da sich die Elisabethkirche bereits im Bau befand, wurde sie im Verhältnis zu den übrigen drei Kirchen nun größer dimensioniert und verfügte schließlich über zwei Emporen. Die drei anderen Kirchen (St. Paul sowie die Johannes- und Nazarethkirche) folgten dem schlichten Schema des rechteckigen Kirchenbaus mit schwach geneigtem Dach und nur einer Empore. Auf Turm, Vorhalle und sonstige architektonische Auszeichnungen wurde verzichtet. Die Grundfläche und die veranschlagten Baukosten

Linke Seite:
Entwurf für eine Kirche im Kreisrund, 1828
Für die nördlichen Berliner Vorstädte legte Schinkel fünf verschiedene Entwürfe für Großkirchen vor, die möglichst vielen Besuchern Platz bieten und preisgünstig ausgeführt werden sollten. Der runde Grundriss und die schlichte Wandgestaltung brechen mit den Traditionen der sakralen Baukunst.

waren bei allen drei Neubauten gleich. Da Schinkel aber keine identischen Sakralbauten errichten wollte, bemühte er sich um individuelle Gestaltungen: Zwei Kirchen entstanden als Ziegelbauten im Rundbogenstil, die beiden anderen orientierten sich an klassischen Antikenmotiven und wurden verputzt. 1835 konnten die Bauarbeiten an den vier Vorstadtkirchen abgeschlossen werden. Bedauerlicherweise haben sich die Innenräume dieser Gotteshäuser nicht unversehrt erhalten, und die Elisabethkirche ist seit dem Zweiten Weltkrieg nur noch eine Ruine.

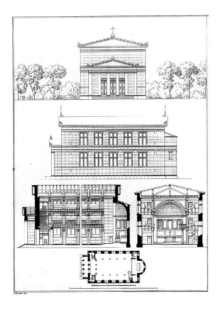
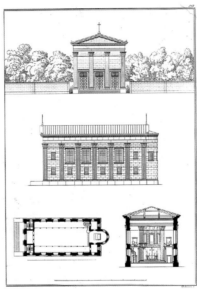

Von links nach rechts:
Aufriss, Schnitt und Grundrisse der Elisabeth-, Pauls-, Johannes- und Nazarethkirche

70

Links:
Elisabethkirche, Berlin-Mitte, 1832–35 (seit 1945 Ruine)

Rechts:
Elisabethkirche, Berlin-Mitte, Blick in den Altarraum (zerstört)

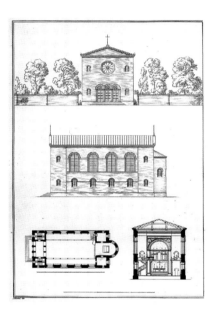

Nazarethkirche, Berlin-Wedding, 1832–35
Die Nazarethkirche ist im Außenbau weitgehend erhalten geblieben und zeigt die schlichte, aber monumentale Gestaltung Schinkels. Aus Kostengründen verzichtete der Architekt auf den Bau eines Glockenturms.

1832–1835 · Bauakademie
Alter Packhof / Werderscher Markt, Berlin

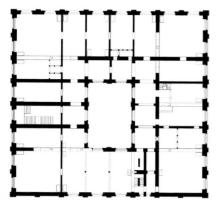

Grundriss des 2. Obergeschosses

Linke Seite:
Die Bauakademie in Berlin, Gemälde von Eduard Gärtner, 1868
Als strahlend roter Kubus erschien die Bauakademie im Stadtbild. Im 2. Obergeschoss des Gebäudes lag die große Wohnung des Architekten nebst Atelier und Büro – im Gemälde durch Gardinen kenntlich gemacht. Nach Schinkels Tod wurde hier das erste Schinkel-Museum eingerichtet. Hinter der Bauakademie ragt die Friedrichswerdersche Kirche auf.

Als letztes Gebäude im Zentrum Berlins errichtete Schinkel 1832–36 die Bauakademie. Sie ist sein wohl bedeutendstes und zugleich radikalstes Werk. Das Gebäude wurde 1960 abgerissen, obwohl es den Zweiten Weltkrieg weitgehend unversehrt überstanden hatte. Im Vorfeld eines angedachten Wiederaufbaus wurde in den vergangenen Jahren eine Gebäudeecke probeweise wieder hergestellt. Das Bauwerk lag in direkter Nachbarschaft zu Schinkels Friedrichswerderscher Kirche, und nur der Kupfergraben trennte es vom Barockschloss der Hohenzollern.

Schinkel war selbst einst Schüler der „Allgemeinen Bauschule" gewesen. Nun, auf der Höhe seines Ruhms, entwarf er den Neubau dieser staatlichen Einrichtung, in dem noch weitere Institutionen untergebracht werden sollten. Läden im Erdgeschoss dienten zur nachträglichen Baufinanzierung. Der Bauschule selbst war der erste Stock vorbehalten. In der zweite Etage fanden die Oberbaudeputation sowie Schinkels Atelier und Dienstwohnung Raum. Das oberste Halbgeschoss war wegen des zum Innenhof abfallenden Dachs nur eingeschränkt nutzbar.

Die Bauakademie war ein viergeschossiger Bau auf quadratischem Grundriss. Die vier 46 Meter breiten und 22 Meter hohen Seiten waren annähernd gleich gestaltet. In der Spiegelung des Kupfergrabens erschien das Gebäude als Würfel. Der Außenbau gliederte sich in je acht gleichartige Fensterachsen, die in ihrer Regelmäßigkeit nicht auf die innere Raumaufteilung und Nutzung hinwiesen. Zwischen den Fensterachsen traten aufgemauerte Wandstreifen vor, die das Traufgesims in der Form von Brüstungsfeldern durchstießen. Sie verliehen der Fassade eine vertikale Tendenz, die durch das Muster der teils violett glasierten Backsteine verstärkt wurde. Eine horizontale Bänderung brachte die Fassade aber wieder ins optische Gleichgewicht. Eine Betonung der Fassadenmitte fehlte, Schinkel entschied sich sogar für zwei Eingangsportale.

Tür- und Fensterrahmungen waren mit reichem Bauschmuck aus industriell hergestellten Terrakottaplatten versehen. Die Darstellungen verwiesen auf die Bestimmung und das pädagogische Programm der Bauschule. An den Portalen waren Porträts berühmter Architekten angebracht, daneben wurde die Erfindung der antiken Baustile allegorisch dargestellt. Unter den Fenstern der oberen Stockwerke stellte ein programmatischer Bilderzyklus den Niedergang der alten Baukunst und das Erstarken einer neuen Architektur dar. Schinkel hatte zeitlebens nach einer solchen Erneuerung der Baukunst gestrebt.

Bedeutenden Einfluss auf die Planung der Bauakademie hatte Schinkels Englandreise des Jahres 1826. Mit Begeisterung hatte er in Mittelengland Industriebauten besichtigt, die ohne jede Ornamentik und klassische architektonische Gliederung auskamen. Hier standen Funktion und Konstruktion im Vordergrund, während Dekoration und Baustil von untergeordnetem Interesse waren. Unter diesem Eindruck wagte es Schinkel, im Zentrum von Berlin ein öffentliches Gebäude zu errichten, das ebenfalls Baumaterial und Konstruktion als dominante gestalterische Mittel nutzte – was auch darum gelang, weil er hier weitgehend selbstständig entwerfen konnte, fungierte er doch zugleich als Bauherr und überprüfender Baubeamter. Seiner Grund-

Links:
Fenster mit Terrakotta-Bauplastik, Fotografie, um 1910

Mitte:
Das Treppenhaus, Fotografie, 1907–11

Rechts:
Blick in den umgebauten Lichthof, Fotografie, 1907–11

rissplanung legte er ein Feldraster mit jeweils 5,5 x 5,5 Meter großen Modulen zugrunde. In den Kreuzungspunkten der einzelnen Planquadrate wurden gemauerte Pfeiler errichtet, die als Auflager der gewölbten Decken dienten. Tragende Wände waren in diesem Gebäude überflüssig. Die Aufteilung der einzelnen Geschosse konnte den Bedürfnissen der verschiedenen Nutzer individuell angepasst werden. Damit nahm Schinkel Aspekte der Skelettbauweise vorweg, die für den modernen Hochhausbau grundlegend wurde. Mit der Bauakademie konnte Schinkel seine technischen und künstlerischen Vorstellungen am umfassendsten verwirklichen – darum war sie auch, wie der Schinkelschüler Friedrich Adler berichtete, das Lieblingsgebäude des Architekten. Und Schinkels Biograph Waagen urteilte, dass im Fall der Bauakademie die Architektur ihren Schein mit ihrem Wesen vertausche.

Schinkels Bau wies weit in die Zukunft. Freilich war es noch ein großer Schritt zu der funktionalen Ästhetik der architektonischen Moderne des 20. Jahrhunderts. Dennoch konnten sich Architekten wie Ludwig Mies van der Rohe oder Peter Behrens im Hinblick auf die Bauakademie durchaus als Schinkels Erben betrachten.

Die im Bau befindliche Bauakademie; Ausschnitt aus dem vom Dach der Friedrichswerderschen Kirche aufgenommenen Stadtpanorama, Gemälde von Eduard Gärtner, 1834
Gärtners fotografisch genau gemaltes Stadtpanorama lenkt den Blick auch auf die im Rohbau fertiggestellte Bauakademie. Links hinter der Baustelle ist eine Ecke des Berliner Schlosses zu erkennen.

Fotografie, um 1888
Die Bauakademie wurde schon früh als ein Hauptwerk Schinkels erkannt. Auf dem Platz vor dem Gebäude wurde dem Architekten ein Denkmal errichtet, das heute wieder dort steht.

1834–1849 · Schloss Babelsberg
Potsdam

Gewölbe des Tanzsaals
Der zweigeschossige Tanzsaal wird von einem sternförmigen Rippengewölbe bekrönt.

Linke Seite:
Schloss Babelsberg von der Havel aus gesehen, Ansicht und Grundriss
Von Schinkels Planung für Schloss Babelsberg wurde nur der erste Bauabschnitt bis zum massigen Achteckturm verwirklicht, der den Tanzsaal beherbergt. Der südliche Schlossflügel (rechts) wurde später von Schinkels Nachfolgern in veränderter Form ausgeführt.

Der Babelsberg liegt landschaftlich reizvoll inmitten der Fluss- und Seenlandschaft des Potsdamer Gartenreichs. Von hier aus lassen sich Potsdam, Schloss Glienicke und der Neue Garten überblicken. Es erstaunt also nicht, dass diese Anhöhe dem Landschaftsgärtner Peter Joseph Lenné als geeigneter Bauplatz erschien. 1826 machte er Prinz Wilhelm, der später als Wilhelm I. deutscher Kaiser werden sollte, auf diesen Standort aufmerksam, denn auch für Wilhelm sollte ein Sommersitz in Potsdam errichtet werden.

Prinz Wilhelm war mit Augusta von Sachsen-Weimar verheiratet, die sich bald für das Bauprojekt auf dem Babelsberg begeisterte. Nach ihren Vorstellungen sollte dort ein neugotisches Schloss in der Art englischer Anwesen entstehen. Als Vorbilder für die von ihr selbst gezeichneten Entwürfe ließ sie sich Stiche aus England kommen. Doch König Friedrich Wilhelm III. stand dem kostspieligen Bauprojekt – es handelte sich anders als bei Charlottenhof nicht bloß um einen Umbau – eher skeptisch gegenüber.

Erst als sich die Planungen für das neue Schloss auf die Dimensionen eines bescheidenen englischen Cottage reduziert hatten, gab der König 1833 seine Einwilligung, und sofort erging an Schinkel der Auftrag, diesen Sommersitz zu entwerfen. Wilhelm und Augusta dachten freilich nicht daran, sich mit dem genehmigten Landhäuschen zu bescheiden. Schinkel entwarf darum weitsichtig eine gotisierende, dem Berghang angepasste asymmetrische Anlage, die in zwei Bauabschnitten fertig gestellt werden sollte.

Er arrangierte die Baukörper entlang einer ansteigenden Linie, die im westlichen Fahnenturm als dem höchsten Punkt gipfeln sollte. Jener Rundturm verkörpert mit seinen rundbogigen Fensteröffnungen den vorgeblich ältesten Bauteil. Denn Schloss Babelsberg – so Schinkels Ansatz – sollte nicht nur durch die Anordnung der Baukörper, sondern auch durch historisch unterschiedliche Ausprägungen des gotischen Stils als eine gewachsene, altertümliche Schlossanlage erscheinen.

1834–35 erfolgte die Ausführung des ersten Bauabschnitts. Unter Schinkels Leitung wurde dabei nur der östliche, zweigeschossige Trakt von der offenen Pergola bis hin zum achteckigen Turm errichtet. Der Neubau wies einen annähernd quadratischen Grundriss auf, im Achteckturm befand sich der Festsaal.

Die Erweiterung von Schloss Babelsberg zu jener Anlage, die noch heute besteht, erfolgte erst nach Schinkels Tod in den Jahren 1844–49. Verantwortlich waren nun Ludwig Persius und Heinrich Strack, die eine stilistisch variantenreichere Fassadengestaltung ausführten, als Schinkel sie beabsichtigt hatte. Babelsberg blieb der bevorzugte Sommersitz Wilhelms, auch nachdem er 1871 Kaiser des Deutschen Reiches geworden war.

1834 · Königspalast auf der Akropolis
Athen, Griechenland

Linke Seite:

Innere Ansicht des großen Repräsentationssaales

Zeremonieller Mittelpunkt der Residenz des griechischen Königs Otto von Bayern sollte die Große Halle bilden. Die aufwändig gestaltete Architektur und die Verwendung von Skulpturen knüpfen an antike Bauformen an, um zwischen dem neuen Regenten und der ruhmreichen Vergangenheit Griechenlands eine Verbindung herzustellen.

Schinkels ausschweifende Fantasie wurde in Preußen nur zu oft durch Sparzwänge gezügelt. Doch 1834 schien endlich die Gelegenheit gekommen, einen grandiosen Entwurf auszuführen. Der bayrische Prinz Otto von Wittelsbach war 1832 zum griechischen König gewählt worden und benötigte nun eine Residenz in Athen; der mit einer bayrischen Prinzessin verheiratete preußische Kronprinz empfahl in München Schinkel für den Neubau eines Palasts auf der Akropolis.

Griechenland war für die Künstler der Schinkelzeit ein verklärtes Ideal. Die Aussicht, eine Residenz auf dem Athener Burgberg – und damit gleichsam auf heiligem Boden – errichten zu können, besaß für Schinkel eine ungeheure Faszination. Er plante die Bebauung des gesamten Bergplateaus, wobei er die hoch geschätzten antiken Bauwerke nicht antasten wollte. Die Ruinen wären allerdings von eingeschossigen Gebäuden eng umbaut worden, die sich im Stil pompejanischer Villen um Innenhöfe gruppieren sollten.

Gartenanlagen, Springbrunnen und ein Hippodrom hätten dem Ruinenfeld das heitere Aussehen einer antiken Villenanlage verliehen. Das Zentrum der neuen Residenz sollte ein großer Empfangssaal sein. Schinkels Entwurf zeigt eine hohe Halle, die sich zum säulenumstandenen Innenhof öffnet; vier kollosale Rundsäulen tragen einen offenen Dachstuhl mit aufwändiger Konstruktion. Farbenprächtige Materialien und reicher Skulpturenschmuck geben dem Raum ein wahrhaft königliches Gepräge. Auffällig ist, dass Schinkel keinen stilgemäßen Weiterbau der antiken Akropolis plante: Für die Neubauten verwendet er vielmehr römische Stilformen und nicht jene der verehrten griechischen Antike. Er vermied somit eine Vermischung von Originalbestand und Neubauten.

Aus heutiger Sicht wäre freilich schon der Gedanke, das „Weltkulturdenkmal" Akropolis zum Wohnsitz eines Staatsoberhaupts auszubauen, unvorstellbar. Für

Grundriss

Der Grundriss offenbart das weit verzweigte System der geplanten Neubauten. Schinkel beabsichtigte, den westlichen Teil des Bergplateaus vollständig neu zu bebauen. Dagegen sollte die Eingangsseite der Akropolis (links) den Besucher mit einer Rennbahn und Parkanlagen sowie dem Anblick der antiken Ruinen in Bann schlagen.

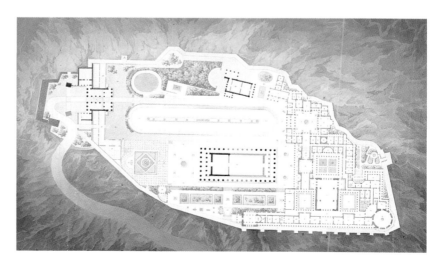

Schinkels Zeit jedoch war es zweifellos reizvoll, das zerstörte Bauwerk – unter pietätvoller Bewahrung der Ruinen – wieder nutzbar zu machen.

Schinkel überschätzte bei seiner Planung die Möglichkeiten des vollkommen verarmten griechischen Staates gewaltig. Ein Brief von Fürst Pückler überbrachte im März 1836 ernüchternde Nachrichten aus Athen. Zwar sei König Otto fasziniert von Schinkels Entwurf, ausführbar sei er aber nicht: „Sie müssten dazu wieder Phidias und Kallikrates [griechische Künstler der Antike] mitschicken, und vor allem die materiellen Talente, welche dem Perikles zu Gebote standen. Man ist hier so arm, daß man nicht einmal den Weg nach dem Pentelikon [dem Marmorsteinbruch] in Stand zu setzen im Stande ist". Als Anerkennung für seine Mühen wurde Schinkel immerhin der griechische Erlöserorden verliehen. Im Antwortschreiben an Pückler berichtet der Architekt aber niedergeschlagen, ihm seien nun „alle Jugendwünsche und schönen Illusionen" zerstört.

Ansicht von der Stadt aus
In der Seitanansicht offenbart sich der enorme Umfang der geplanten Neubauten. Rechts erhebt sich der Giebel des „Großen Saals" über der mit einer Kollonade ausgezeichneten Gebäudeflucht. Links ist die alles überragende Rekonstruktion der Statue der Athena Promachos zu erkennen, die der antike Bildhauer Phidias um 450 v. Chr. geschaffen hatte.

Rechte Seite:
Schnitt durch das Bergplateau
Die Ruinen des berühmten Parthenons, des größten Tempels der Akropolis, wären durch Schinkels Ausbau nicht angetastet worden.

1838 · Schloss Orianda
Jalta, Ukraine

Im selben Jahr, in dem Schinkel mit den Planungen für Schloss Kamenz begann, wandte sich auch die Tochter Friedrich Wilhelms III., Prinzessin Charlotte, an ihn. Sie war seit 1817 mit dem russischen Zaren Nikolaus I. verheiratet und hatte den Namen Alexandra Feodorowna angenommen.

1837 hatte die Zarin mit ihrem Gatten die Krim bereist. Die Küstenlandschaft des Schwarzen Meers im Süden des russischen Reiches hatte sie ebenso begeistert wie die gesamte geschichtsträchtige Region südlich des Kaukasus. In der mediterran anmutenden Umgebung waren im 19. Jahrhundert bereits zahlreiche Landsitze russischer Adeliger entstanden.

Besonders das am Ufer des Schwarzen Meeres gelegene Orianda hatte es der Zarin angetan, sodass Nikolaus ihr die Besitzung schenkte. Ihrem Bruder, Kronprinz Friedrich Wilhelm, schrieb Charlotte sogleich begeistert nach Berlin, sie wünsche sich dort einen Landsitz, der sie an Schloss Charlottenhof erinnern sollte, das sie 1829 besucht hatte.

Folgerichtig wurde Schinkel damit beauftragt, Entwürfe für die Residenz der Zarin anzufertigen. Ihm wurden Ansichten und Pläne des zu bebauenden Areals zugesandt, denn das Schloss sollte harmonisch in die Landschaft eingebettet werden. Eine Reise nach Russland verbot sich wegen Schinkels zahlreicher Bauaufgaben in Preußen. Als dann das Zarenpaar Ende Mai 1838 Berlin besuchte, wurde auch die Planung für Schloss Orianda besprochen. Neben Schinkel beteiligte sich erneut der Kronprinz an den Entwürfen, der sich für seine Schwester eine Anlage wünschte, die den landschaftlichen Reiz, die kulturelle Bedeutung des Orts und den gesellschaftlichen Rang der Zarin verbinden sollte. Orianda würde des „größten Kaiserhauses der Erde" würdig sein, versicherte Schinkel seiner Auftraggeberin.

Für den Palast auf der Krim kamen für ihn nur Kunststile in Frage, die sich in irgendeiner Weise auf den geplanten Standort bezogen. Nach einem Entwurf im altrussischen Stil – angelehnt an den Moskauer Kreml – strebte die Planung schließlich einen Palast in altgriechischen Bauformen an, da die Krim in der Antike von Griechen kolonisiert worden war. Vom Bauumfang her hatte die Konzeption also bald nichts mehr mit dem bescheidenen Charlottenhof gemein.

Wie der Palast auf der Akropolis sollte auch Schloss Orianda direkt an die antike Kultur anknüpfen. Allerdings gab es hier keine illustren Ruinen, die man in die Palastanlage hätte einbinden können. Darum stellte Schinkel ein Museum ins Zentrum des Gebäudekomplexes. Die Kunstsammlung sollte in der Substruktion des die Anlage überragenden, verglasten Aussichtstempels untergebracht werden und dem Palast eine weiterreichende Bedeutung verleihen. In diesem „Museum der Krim" wünschte sich der Architekt nämlich Kunstwerke „sämtlicher klassischer Provinzen längs dem Kaukasus bis nach Kleinasien hinein" versammelt, „damit man promenierend zugleich die Genüsse der alten Kunst genösse". Die massiven Pfeiler und die ungewölbte Deckenkonstruktion des grottenartigen Museums verwiesen auf antike Bauwerke, wie es sie auch auf der Krim gab. Im Gegensatz zum dämmrigen Museum plante Schinkel

Linke Seite:
Aufriss der Schmalfront des Belvedere und Schnitt durch das Taurische Museum, 1838
Im Fundament des alles überragenden, zentralen Tempels sollte ein Museum mit antiken Skulpturen und anderen Altertümern der Region untergebracht werden. Die Bepflanzung des Gebäudes erinnert an die hängenden Gärten der Semiramis, eines der sieben antiken Weltwunder.

den darüber liegenden Tempel hell und heiter. Die Bepflanzung des Gebäudes sollte an die hängenden Gärten der Semiramis – eines der sieben antiken Weltwunder – erinnern. Anspruch und Größe der Palastanlage Orianda orientierte Schinkel an der antiken Kultur und dem politischen Machtanspruch des Eigentümers.

Als die Zarin Schinkels Entwürfe schließlich in den Händen hielt, war sie vom Umfang und dem architektonischen Aufwand des Projekts befremdet. Im April 1839 schrieb sie ihrem Bruder: „Warum macht er [Schinkel] nicht noch eine kleinere Möglichkeit statt dieser Unmöglichkeit, wodurch Mithridates' Nachfolger Ruhm einernten sollte, aber wenig Freude im Wohnen und wir überdies zu Greisen werden möchten, ehe der Bau vollendet". So verwundert es nicht, dass Schloss Orianda, wie die Palastanlage auf der Athener Akropolis, nie gebaut wurde.

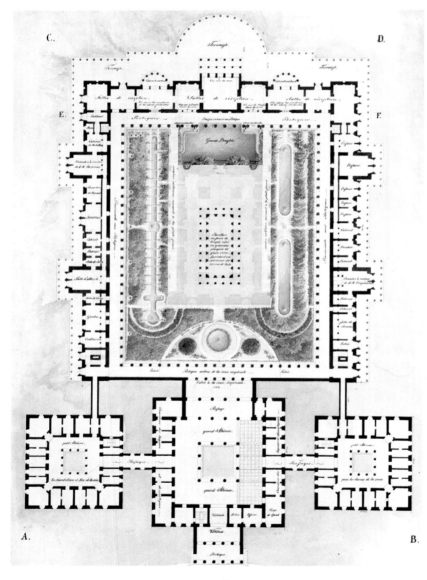

Grundriss, 1845
Der Besucher sollte durch eines der drei quadratischen Eingangsgebäude in den riesigen, gärtnerisch gestalteten Innenhof gelangen, während sich das Gebäude zum Meer hin (oben) mit einer Terrasse und Säulenhallen öffnen sollte.

**Aufriss der Fassade zum Meer und des
Eingangsflügels mit den drei Atrien,
Querschnitt durch den Kaiserlichen Hof, 1838**
Aus dem massiv wirkenden Baukörper des
Schlosses sollte sich der in eine üppige Vegeta-
tion eingebettete, verglaste Aussichtstempel
erheben, um einen weiten Ausblick in die
romantisch-schöne Landschaft am Schwarzen
Meer zu gewähren.

1838 – 1873 · Schloss Kamenz
Kamieniec Zabkowicki, Polen

Hauptansicht (so genannte Talseite)

Linke Seite:
Blick in den Innenhof
Mit seinen Zinnen und den wehrhaften Rundtürmen macht Schloss Kamenz einen militärischen Eindruck. Offene Spitzbogenarkaden umlaufen den großen Innenhof.

Zur Ausführung bestimmter Erdgeschossgrundriss, mit Hofraum und Nebengebäuden, 1838
Das Schlossgebäude ist von einer massiven Wehrmauer mit Bastionen umgeben, die aber keine tatsächliche militärische Funktion hatten. Der Stammsitz der preußischen „Albrechtslinie" sollte Macht und Wohlstand seiner Besitzer verkörpern.

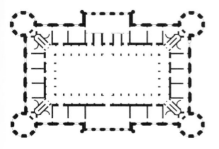

Nach dem enttäuschenden Scheitern des großen Akropolis-Projekts ergab sich für Schinkel gegen Ende seines Lebens doch noch die Möglichkeit, ein „Märchenschloss" zu erbauen. Seine Auftraggeberin war Prinzessin Marianne, eine Tochter des niederländischen Königs. Sie war seit 1830 mit dem preußischen Prinzen Albrecht verheiratet. Schinkel hatte zur großen Zufriedenheit des neu vermählten Paares dessen Berliner Palais umgebaut. 1837 erbte Marianne von ihrer Mutter das schlesische Gut Kamenz am Fuß des Riesengebirges. Seine landschaftliche Lage beeindruckte sie so, dass sie sich hier ein großartiges Schloss wünschte. Kamenz sollte dabei nicht nur für Sommeraufenthalte dienen, sondern als Stammsitz der Albrechtslinie des Hauses Hohenzollern etabliert werden. Ein solches Vorhaben war nicht abwegig, da in den Orten der Umgebung bereits verschiedene Würdenträger und Mitglieder des preußischen Königshauses repräsentative Schlossanlagen besaßen.

1838 erhielt Schinkel den Auftrag, Pläne für Schloss Kamenz zu entwerfen. Nachdem er Schlesien bereist hatte, erstellte er umfassende Entwürfe für einen gotisch-romantischen Baukomplex von enormen Ausmaßen. Schinkel plante das Schloss als Backsteinbau mit wehrhaftem Charakter. Türme, Zinnen, Umfassungsmauern und Basteien gaben dem Gebäude eine ernste Note. Wie bei der Bauakademie verwendete Schinkel zwar farbig glasierte Backsteine, dennoch wirkten das festungsartige Bauwerk und namentlich die Innenhöfe düster. Im Gegensatz zur heiter-romantischen Neugotik, die Schinkel beispielsweise beim Schloss Babelsberg nahe Potsdam in asymmetrischer, malerischer Gruppierung anwandte, hat Schloss Kamenz einen streng symmetrischen Aufbau. Die Hauptfassade wirkt mit den zwei flankierenden, massiven Rundtürmen und den glatten Ziegelflächen einschüchternd. Schmale Türme rahmen den Mittelrisaliten, über dem sich das königliche Wappen erhebt.

Vor der ganzen Hauptfront des Schlosses liegt eine von einer zweischiffigen Halle überwölbte Zufahrt, die zugleich als Terrasse dient. Eine prachtvolle Freitreppe führt hinauf und ermöglicht den Zugang zu den Repräsentationsräumen im Hauptgeschoss. Auch die Innenräume waren prachtvoll im Stil des Mittelalters gestaltet; Vorbilder fanden sich bei den ostpreußischen Burgen des Deutschen Ritterordens, etwa bei der berühmten Marienburg. Die Innenräume sind heute beschädigt, ihre Rekonstruktion wurde aber bereits in Angriff genommen.

Der Bau des Schlosses begann 1840. Da Schinkel bereits während der Entwurfsphase ernste Anzeichen einer Erkrankung zeigte, wurde sein Schüler Martius mit der Bauausführung beauftragt. Martius begleitete den Bau bis zu seiner Fertigstellung im Jahr 1873, wobei es nach Schinkels Tod zu einzelnen Abweichungen von dessen ursprünglicher Planung kam.

1839 · Dorfkirche in Petzow
Brandenburg

Außenansicht
Auf der höchsten Erhebung des Guts Petzow am Schwielowsee erhebt sich die kleine Dorfkirche als weithin sichtbare Landmarke. Der Turm war von Anfang an als Aussichtspunkt geplant.

Eines der letzten Bauwerke, das Schinkel vor seiner schweren Erkrankung noch entwerfen konnte, war die kleine Dorfkirche in Petzow. Das am Schwielowsee bei Potsdam gelegene Gut präsentiert sich noch heute mit dem Landschaftsgarten von Peter Joseph Lenné, einem in den 1820er-Jahren erfolgten Umbau des Gutshauses im Stil der Tudorgotik und architektonisch ambitionierten Wohnhäusern als Gesamtkunstwerk. Für das Schloss und einige der Wohnhäuser wird wohl ebenfalls Schinkel die Entwürfe geliefert haben. 1839 ging es dem Gutsherrn Carl Friedrich August von Kaehne aber darum, die Anlage mit dem Bau einer Kirche zu vollenden. Auf einem Hügel landeinwärts bildete die Kirche, die für die 200 Gemeindemitglieder des Guts bestimmt war, im wahrsten Sinne des Wortes den Höhepunkt der Gutsanlage. War die Bauaufgabe auch nicht allzu bedeutend, so lag dem Gutsherrn doch daran, seinen Besitz im Sinne eines Landschaftsgartens wirkungsvoll zu gestalten. Seine Absichten stimmten im Übrigen mit den künstlerischen Vorstellungen des preußischen Kronprinzen überein, der ähnliche Anlagen in der Potsdamer Umgebung förderte und selbst in Auftrag gab. Nach einem Entwurf Schinkels entstand mit der Kirche in Petzow der ungewöhnlich ambitionierte Bau einer kleinen ländlichen Kirche. Gegen den Widerstand der sparsamen Behörden setzte der Gutsherr schließlich Schinkels Entwurf durch.

Schinkel sah vor, Kirche und Turm separat zu errichten und durch einen begehbaren Bogen zu verbinden. Ähnlich hatte er schon 1819 die Anlage der weitaus städtischeren Gertraudenkirche in Berlin geplant und denselben baukünstlerischen Gedanken dann bei seinem Entwurf einer „kleinen Kirche mit einem Thurm" von 1828 aufgegriffen und auf ein kleines Gebäude übertragen. Diese langen Vorplanungen konnten schließlich in Petzow umgesetzt werden. Mit dem Kirchengebäude erzielte Schinkel nicht nur eine große malerische Wirkung. Der Turm diente zugleich als Aussichtsplattform und war unabhängig von den Öffnungszeiten der Kirche zu begehen. Auch die schlichte, nach außen hervortretende Apsis verleiht dem ansonsten schlichten Kirchlein eine besondere Würde.

Der Innenraum ist einfach, aber wirkungsvoll gestaltet. Ein hübsch ornamentierter Ziegelbelag bedeckt den Boden, die Altarnische und die Wände sind dezent bemalt, die Balkendecke ist von schlichter, aber geschmackvoller Ausführung.

Die Petzower Kirche beweist, dass Schinkel, der als Baubeamter Hunderte Kirchenprojekte zu planen und zu begutachten hatte, über seinen fantastischen Entwürfen für Paläste und Dome keineswegs die Fähigkeit verloren hatte, auch bei kleineren Bauten und mit einfachen Mitteln große Wirkungen zu erzielen.

Linke Seite:
Innenraum nach Osten
Der Innenraum der Dorfkirche von Petzow besticht durch seine einfache, aber harmonische Gestaltung. Die Farbwahl und der aus Ziegeln geschickt zusammengefügte Fußbodenbelag verleihen dem Raum eine feierliche Würde.

Leben und Werk

Karl Friedrich Schinkel im Alter von 23 Jahren
Gemälde von J. Rößler, 1803

1781 ▶ 13. April: Geburt in Neu-Ruppin

1787 ▶ Stadtbrand in Neu-Ruppin, Tod des Vaters

1792–94 ▶ Besuch des Neu-Ruppiner Gymnasiums

1794 ▶ Umzug der Familie nach Berlin. Besuch des Gymnasiums Zum Grauen Kloster

1797 ▶ Friedrich Gillys Entwurf zum Denkmal Friedrichs II. auf der Akademie-ausstellung lässt bei Schinkel den Wunsch entstehen, Architekt zu werden.

1798 ▶ Verlässt das Gymmnasium und wird Schüler von David und Friedrich Gilly – enge Freundschaft mit Friedrich.

1799 ▶ Studiert an der neu gegründeten Bauakademie.

1800 ▶ Tod der Mutter. Friedrich Gilly

stirbt. Schinkel führt dessen Bauprojekte aus und verlässt die Akademie. Erster eigener Bau: Pomonatempel auf dem Pfingstberg

1802 ▶ Umbau von Schloss Buckow. Entwürfe zum Umbau von Schloss Köstritz (nicht ausgeführt). Bühnenbild-entwurf zu Glucks „Iphigenie in Aulis" (nicht ausgeführt)

1803 ▶ Studienreise nach Italien (über Dresden, Prag, Wien und Triest). Um-fangreiche zeichnerische Tätigkeit. In Rom Freundschaft mit W. von Humboldt und J. A. Koch

1804 ▶ Aufenthalt in Rom, Neapel und auf Sizilien. Plant Publikation zu mittel-alterlicher Baukunst Italiens (nicht reali-siert). Landschaftszeichnungen, erstes Ölgemälde

1805 ▶ Heimkehr über Florenz, Mailand, Paris, Straßburg und Weimar. Bis 1815 entstehen die meisten Gemälde Schinkels.

1806 ▶ Bautätigkeit in Preußen ruht nach der Niederlage gegen Napoleon. Beginn der Arbeiten für das Diorama. Lernt seine spätere Frau Susanne Berger kennen.

1808 ▶ Schinkels Palermo-Panorama wird ein Publikumserfolg. Entwürfe für die Keramikfabrik von Höhler und Feilner

1809 ▶ Heiratet Susanne Berger. Bewirbt sich als Architekt für den Staatsdienst. Erste Lithographien. Durch Dio-

Linke Seite:
Porträt Karl Friedrich Schinkel
Gemälde von Carl Friedrich Ludwig Schmid

Bildnis der Ehefrau Susanne, um 1810–13

ramenvorstellung Kontakt zur königlichen Familie. Auftrag zu Einrichtungen im Kronprinzenpalais (Ausführung 1810/11)

1810 ► Geburt der Tochter Marie. Berufung zum Geheimen Oberbauassessor. Entwurf zum Mausoleum der Königin Luise (nicht ausgeführt)

1811 ► Geburt der Tochter Susanne. Ernennung zum ordentlichen Mitglied der königlichen Akademie der Künste. Luisendenkmal in Gransee

1812 ► Entwürfe zur Singakademie (nicht ausgeführt); Diorama: Brand Moskaus

1813 ► Geburt des Sohnes Raphael. Beitritt zum Landsturm, bleibt aber in Berlin. Entwurf des „Eisernen Kreuzes". Gemälde: „Kathedrale am Strom". Niederlage Napoleons

1814 ► Erste Ausstellung von Ölgemälden. Planungen für den „Dom als Denkmal der Befreiungskriege". Festdekoration zur Siegesfeier am Brandenburger Tor

1815 ► Beförderung zum Oberbaurat. Gutachten „Grundsätze zur Erhaltung alter Denkmäler und Altertümer unseres Landes" als Beginn staatlicher Denkmalpflege. Bühnenbilder zu „Die Zauberflöte" (Premiere 18.1.1816). Bis 1834 entstehen Dekorationen zu rund 40 Stücken.

1816 ► Planung zur Neuen Wache Unter den Linden (Bauzeit bis 1818). Gutachten zur Vollendung des Kölner Doms

1817 ► Innenumbau des Berliner Doms (Außenbau bis 1822). Erster Stadtbauplan zur Umgestaltung der Berliner Innenstadt

1818 ► Wiederaufbau des Berliner Schauspielhauses (bis 1821); Entwurf Kreuzberg-Denkmal (bis 1821). Entwirft Reform des staatlichen Architekturunterrichts.

1819 ► Erstes Heft der „Sammlung Architektonischer Entwürfe" (erscheint bis 1840). Entwurf zur Schlossbrücke (Ausführung bis 1824) und zur Kirche auf dem Spittelmarkt (nicht ausgeführt)

1820 ► Professor der Baukunst, aber keine Lehrtätigkeit. Umbau von Schloss Tegel (Ausführung bis 1824) und von Schloss Neuhardenberg (Ausführung bis 1823)

1821 ► Planungen zur Friedrichswerderschen Kirche (Bauausführung 1824–31). Beginnt mit der Arbeit an „Vorbilder für Fabrikanten und Handwerker" (erscheint bis 1837).

1822 ► Geburt der Tochter Elisabeth. Entwürfe zum Museum am Lustgarten (Ausführung bis 1830). Erster Entwurf zum Denkmal Friedrichs II. (nicht ausgeführt). Bau Jagdschloss Antonin (Ausführung bis 1824)

1823 ► Plan zur Anlage des Leipziger Platzes und des Potsdamer Tores. Neues Gutachten zum Kölner Dom (Weiterbau beginnt 1826)

1824 ► Zweite Italienreise. Umbau Schloss Klein-Glienicke mit Kasino (bis 1827); Kavaliershaus auf der Pfaueninsel (bis 1826)

1825 ► Ehrenmitglied der Accademia di San Luca in Rom. Entwurf zum Gesellschaftshaus in Magdeburg (Ausführung bis 1829). Gemälde „Blick in Griechenlands Blüte"

Die Kinder des Künstlers, 1820

1826 ▶ Reise nach Paris und England. Entwurf zum Neuen Packhof am Kupfergraben. Entwürfe zur Nikolaikirche in Potsdam (1849 vollendet)

1827 ▶ Entwurf zu einem öffentlichen Kaufhaus Unter den Linden (nicht ausgeführt), Entwurf zu einer „Normal-Kirche" als Muster für kleinere ländliche Kirchenbauten

1828 ▶ Entwurf zum Palais Redern am Pariser Platz (Ausführung bis 1830)

1829 ▶ Entwürfe zum Umbau des Prinz-Albrecht-Palais in der Wilhelmstraße (Ausführung bis 1833). Entwurf zum Hofgärtnerhaus bei Sanssouci (Ausführung bis 1830)

1830 ▶ Ernennung zum Geheimen Oberbaudirektor, Leiter der Oberbaudeputation. Entwurf zum Landhaus Jenisch bei Hamburg (veränderte Ausführung bis 1833)

1831 ▶ Entwurf zur Bauakademie (Ausführung bis 1836, zerstört) und zur Hauptwache in Dresden (Ausführung bis 1833)

1832 ▶ Entwürfe zu vier Berliner Vorstadtkirchen: Elisabeth-, Nazareth-, Paul- und Johanneskirche (Ausführung bis 1835)

1833 ▶ Entwurf zum Römischen Bad im Park Sanssouci (Ausführung bis 1836), Entwurf Schloss Babelsberg (Ausführung bis 1835)

1834 ▶ Vorschlag zur Einrichtung von Naturparks. Entwürfe zum Königspalast auf der Akropolis für den griechischen König Otto von Bayern (nicht ausgeführt)

1835 ▶ Entwurf zur Residenz eines Fürsten, letztes Kapitel des unvollendet gebliebenen Architektonischen Lehrbuchs

1836 ▶ Entwürfe zum Umbau von Schloss und Kirche in Erdmannsdorf (Ausführung bis 1838 bzw. 1840)

1837 ▶ Entwurf zum Schloss Werky bei Wilna. Entwurf zum Theater in Gotha (veränderte Ausführung bis 1840)

1838 ▶ Ernennung zum Oberlandesbaudirektor. Entwurf zu Schloss Kamenz (veränderte Ausführung bis 1873). Entwürfe zu Schloss Orianda/Krim (nicht ausgeführt). Erste Monographie über Schinkel von Franz Kugler erscheint.

1839 ▶ Gutachten zur Berliner Klosterkirche und der Nikolaikirche in Spandau. Erste Lähmungserscheinungen

1840 ▶ Planung zu einer erneuten, vergrößerten Ausstellung von Panoramen. 9. September: Schlaganfall und Beginn fast ständiger Bewusstlosigkeit

1841 ▶ 9. Oktober: Schinkel stirbt in seiner Wohnung in der Bauakademie.

1842 ▶ Schinkels Nachlass wird von König Friedrich Wilhelm IV. erworben und bildet den Grundstock des 1844 eingerichteten Schinkel-Museums in dessen ehemaliger Dienstwohnung.

Schloss Glienicke
Berlin-Wannsee
Dorfkirche
Petzow
Charlottenhof
Potsdam
Pomona Tempel
Potsdam

Schloss Babelsberg
Potsdam
Schloss Kamenz
Polen
Königspalast auf der Akropolis
Griechenland
Schloss Orianda/Jalta
Ukraine

Berlin

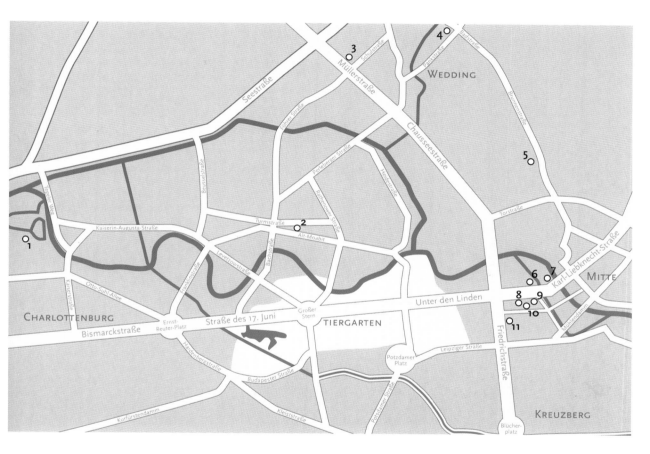

1. Neuer Pavillon/Schinkelpavillon
Schlosspark Charlottenburg
2. St. Johanneskirche
Alt-Moabit 25
3. Nazarethkirche
Leopoldplatz
4. St. Paulskirche
Badstraße 50

5. Elisabethkirche
Invalidenstraße 3
6. Neue Wache
Unter den Linden 4
7. Altes Museum
Lustgarten
8. Friedrichswerdersche Kirche
Am Werderschen Markt

9. Schlossbrücke
Unter den Linden
10. ehemaliger Standort der Bauakademie
Am Werderschen Markt
11. Schauspielhaus
Gendarmenmarkt

Literatur

▶ Unter dem Titel „Karl Friedrich Schinkel: Lebenswerk" erfolgt die wissenschaftliche Publikation des Gesamtwerks in 22 Bänden, begründet von der Akademie des Bauwesens in Berlin, fortgesetzt von Paul Ortwin Rave, herausgegeben von Margarete Kühn.
Darin:
Peschken, Goerd: Das Architektonische Lehrbuch, Berlin/München 1979
Rave, Paul Ortwin: Berlin. Erster Teil: Bauten für die Kunst, Kirchen und Denkmalpflege, Berlin 1942
Rave, Paul Ortwin: Berlin. Zweiter Teil: Stadtbaupläne, Brücken, Straßen, Tore, Plätze, Berlin 1948
Rave, Paul Ortwin: Berlin. Dritter Teil: Bauten für die Wissenschaft, Verwaltung, Heer, Wohnbau und Denkmäler, Berlin 1962

▶ Bergdoll, Barry: Karl Friedrich Schinkel. Preußens berühmtester Baumeister, München 1994
▶ Bernhard Maaz (Hrsg.): Die Friedrichswerdersche Kirche. Schinkels Werk, Wirkung und Welt, Berlin 2001
▶ Börsch-Supan, Helmut: Karl Friedrich Schinkel, Bühnenentwürfe/Stage Designs, Berlin 1990
▶ Forssman, Erik: Karl Friedrich Schinkel, Bauwerke und Baugedanken, München 1981
▶ Hedinger, Bärbel / Berger, Julia (Hrsg.): Karl Friedrich Schinkel, Möbel und Interieur, München Berlin 2002
▶ Haus, Andreas: Karl Friedrich Schinkel als Künstler. Annäherung und Kommentar, München/Berlin 2001
▶ Philipp, Klaus Jan: Karl Friedrich Schinkel. Späte Projekte/Late Projects, Stuttgart/London 2000
▶ Schinkel, Karl Friedrich: Sammlung architektonischer Entwürfe. Collection of Architectural Designs (Reprint), Chicago 1981
▶ Snodin, Michael (Hrsg.): Karl Friedrich Schinkel. A Universal man, New Haven/London 1991

Bildnachweis

▶ akg-images: 40, 41 u., 70 alle, 71 li.
▶ © artur, Architekturbilder Agentur GmbH, Köln: Reinhard Görner: 23, 27, 47; Klaus Frahm: 6, 7, 11, 38, 46, 60, 63, 64, 65, 67, 77; Florian Monheim: 32, 56
▶ © bpk, Berlin, 2003: 51
▶ © bpk, Berlin, 2003, Frankfurter Goethe Museum mit Goethe-Haus, Frankfurt am Main: 41 o.
▶ © bpk, Berlin, 2003, Kunstbibliothek Preußischer Kulturbesitz: 30, Foto: Petersen: 31; Foto: Dietmar Katz: 15 u., 43, 45; 78
▶ © bpk, Berlin, 2003, Kupferstichkabinett: Fotos: Reinhard Saczewski: 8, 19, 28, 42; Fotos: Jörg P. Anders: 10, 12, 13, 18, 21, 22, 25, 34, 49, 50 m. und u., 61, 62, 68, 76, 84, 85, 92 o.; 16, 17, 51, 82
▶ © bpk, Berlin, 2003, Nationalgalerie: Fotos: Jörg P. Anders: 2, 20, 58, 72; 9, 90
▶ © bpk, Berlin, 2003, Privatbesitz: 29
▶ BLDAM: Messbildarchiv: 35 (20a16/1468.13), 37 (41A/P1/Ka16/5579.5), 54 (29l2/3683.9), 71 o. li. (Neg.-Nr. 43a17/6620.1) und o. re. (Neg.-Nr. 43a18/6620.3), 74 alle (Neg.-Nr.: 54n 24/15365, 3m 16/129.09, 28a 11/129.12), 75 u. (Neg.-Nr.: 3m 8/129.1)
▶ Peter Gössel, Bremen: 36, 66, 89
▶ Hartmann / Wissenschaftliches Bildarchiv für Architektur, Berlin: 14, 71 u., 88
▶ Jarl Kremeier: 86
▶ Nicole Kuhlmann, Bremen: 73, 87 u.
▶ Karl Friedrich Schinkel, Sammlung Architektonischer Entwürfe: 4, 26, 39 o. und u., 50 o., 57
▶ S. Lachmund, Altonaer Museum, Hamburg: 44
▶ Landesarchiv Berlin: 24
▶ Paul Rave, Karl Friedrich Schinkel: 33, 93
▶ Prima Propaganda, Bremen: 94, 95
▶ Staatliche Graphische Sammlung München: 79, 80, 81
▶ SLUB/Dt. Fotothek, Foto Heinrich Klette: 87 o.
▶ Stadtmuseum, Berlin: Foto: H.-J. Bartsch: 15 o.
▶ Stiftung Preußischer Schlösser und Gärten Berlin-Brandenburg: 48, 52, 53, 55 o. und u., 75 o.